Ao xamã Dior Allem
(Aloysio Delgado Nascimento)
Que Deus aumente cada vez mais a sua Luz!

© 2015 por Ernani Fornari e Gabriela Carvalho
© iStock.com/ikonay

Coordenadora editorial: Tânia Lins
Assistente editorial: Mayara Silvestre Richard
Coordenador de comunicação: Marcio Lipari
Capa e projeto gráfico: Jaqueline Kir
Diagramador: Rafael Rojas
Preparadora: Janaina Calaça
Revisão: Equipe Vida & Consciência

1ª edição — 1ª impressão
3.000 exemplares — abril 2015
Tiragem total: 3.000 exemplares

CIP-Brasil - Catalogação na fonte
Sindicato Nacional dos Editores de Livros, RJ

F824a

Fornari, Ernani

Alinhamento energético / Ernani Fornari,.Gabriela Carvalho. - 1. ed. -
São Paulo : Editora Gráfica, 2014.
192 p. ; 23 cm.

ISBN 978-85-7722-356-5

1. Espiritismo. 2. Mediunidade. I. Carvalho, Gabriela. II.Título.

14-12478   CDD: 133.9
                            CDU: 133.9

Todos os direitos reservados. Nenhuma parte desta edição pode ser
utilizada ou reproduzida, por qualquer forma ou meio, seja ele mecâ-
nico ou eletrônico, fotocópia, gravação etc., tampouco apropriada ou
estocada em sistema de banco de dados, sem a expressa autorização
da editora (Lei nº 5.988, de 14/12/1973).

Este livro adota as regras do novo acordo ortográfico (2009).

Editora Vida & Consciência
Rua Agostinho Gomes, 2.312 – São Paulo – SP – Brasil
CEP 04206-001
editora@vidaeconsciencia.com.br
www.vidaeconsciencia.com.br

ERNANI FORNARI E GABRIELA CARVALHO

ALINHAMENTO
ENERGÉTICO

A cura utilizando o poder
do sexto sentido e da energia

SUMÁRIO

PREFÁCIO 7

INTRODUÇÃO 13

I. UM POUCO DA HISTÓRIA DO AUTOR 17

II. UM POUCO DA HISTÓRIA DA COAUTORA. 47

III. O QUE É ALINHAMENTO ENERGÉTICO . . . 67

    A) A mediunidade como terapia 67

    B) Um mergulho consciente no inconsciente 74

    C) Uma terapia multidimensional. 79

IV. A INTEGRAÇÃO DO ALINHAMENTO
ENERGÉTICO A OUTRAS TERAPIAS. 85

V. A EGRÉGORA DO MINISTÉRIO DE CRISTO . 93

VI. CASOS DE CONSULTÓRIO 103

    A) O duelo das línguas 103

    B) O xamã que desvirou 105

C) Meu encontro com Bruno Groening. 109

D) O menino autista 111

E) O caso dos chips. 111

F) Uma história com o Guardião Ramisvanuchi . . . 113

G) Medindo a energia. 114

H) E o cliente canalizou... 117

I) Autorreferência 119

J) Gabi e uma experiência com EFT 120

VII. "CAUSOS" DO CONSULTÓRIO. 123

A) Três histórias com índios e com negros. 123

B) Quando o santo de casa fez milagre 127

C) Uma história com o Guardião Giramundo 129

D) Mimossonance. 132

E) O índio. 135

F) A mesma pedra 138

G) O mesmo símbolo 139

VIII. DEPOIMENTOS 141

REFERÊNCIAS BIBLIOGRÁFICAS 173

AGRADECIMENTOS DO ERNANI 181

AGRADECIMENTOS DA GABRIELA 187

A essência da técnica terapêutica xamânica, que é o objeto central deste livro, foi originalmente transmitida ao povo tupy-guarany da Amazônia, pelos povos das estrelas, meio século antes da chegada do homem branco às Américas.

PREFÁCIO

Queridos amigos!

Este é o meu décimo livro e o segundo que escrevo sobre Alinhamento Energético.

Numa primeira fase da minha atividade literária, interagi com três editoras: a extinta Alhambra (do Rio de Janeiro), a Aquariana/Ground e a extinta Sol Nascente (ambas de São Paulo). A primeira, de propriedade do amigo Joaquim Campelo Marques (que, entre outras coisas, coordenou a equipe que assessorou Aurélio Buarque de Holanda na confecção do seu famoso dicionário), e as outras duas, tradicionais editoras paulistas de livros espiritualistas, ecológicos e naturalistas.

Com elas publiquei sete livros em vinte anos. Dentre eles, o *Dicionário Prático de Ecologia* — um dos primeiros dessa área publicado no Brasil, cujo lançamento aconteceu durante a Eco 92 e já teve duas edições publicadas (e agora será lançada a terceira edição, revisada e aumentada).

Também escrevi um dos primeiros livros sobre agroecologia — naquele tempo se chamava agricultura alternativa — publicados em nosso país, que chegou à sua terceira edição e agora será publicado em forma de dicionário.

Quando terminei de escrever o livro *Fogo Sagrado* — sobre a terapia do Alinhamento Energético —, resolvi mudar de estratégia (e de editoras) e fiz o que chamei de "jogar garrafas ao mar", ou seja, decidi enviar pelo correio uma cópia encadernada dos originais do livro para cada editora da área — que eu conheci através de um mapeamento na internet e nas livrarias. Enviei o *Fogo Sagrado*, ao todo, para onze editoras — sempre pelo correio e sem fazer contato pessoal com ninguém.

Algumas editoras declinaram às cópias; outras não responderam ao envio do material; algumas devolveram os originais recusados — outras nem devolveram; e, depois de um bom tempo sem um retorno concreto, desisti das tentativas.

Um belo dia, soube do relançamento do livro *Resgate da alma*, da terapeuta xamânica norte-americana Sandra Ingerman, pela Editora Vida & Consciência. Eu realmente adoro esse livro e possuía uma preciosa fotocópia toda rabiscada da edição anterior, publicada por outra editora — edição, inclusive, que já se encontrava esgotada havia algum tempo.

Comprei o livro e, além da alegria de poder manusear um material tão importante outra vez, fiquei maravilhado com o design gráfico assinado pelo Gasparetto — que realmente arrasou.

Então a Gabi, minha esposa e parceira — sensitiva "à beça" — ficou "pegando no meu pé" e falando ao meu ouvido por um tempão: — "Manda o livro para a Editora Vida & Consciência, manda para a Vida & Consciência. Eles estão abertos ao Xamanismo, manda logo...".

Resisti por um tempo — ainda estava preso à arrogante "dedução lógica" de que se eu mandara o livro para onze editoras e ninguém o quisera, então não era para publicar mesmo, a energia não estava aberta —, mas acabei enviando, por fim, as cópias à Editora Vida & Consciência.

Dois ou três meses depois, recebi um telegrama (?!) da editora comunicando o interesse em publicar o livro! E, posteriormente, recebi também em nossa casa, via correio, uma simpática cartinha do Marcelo Cezar — autor da editora e, na época, o chefe do conselho editorial — contando que havia lido o livro meio por acaso. Ele viu os originais em cima de uma mesa junto a outros tantos, o nome lhe chamou a atenção, então resolveu conferir o material e acabou devorando o livro de uma só vez. Ele disse também que tinha sentido uma energia incrível nos originais e que tinha indicado, pessoalmente, a sua publicação ao Gasparetto!

Finalmente, o livro saiu em 2010 com um lindo projeto gráfico assinado por Luiz Antonio Gasparetto — a primeira publicação em língua portuguesa sobre o tema — e com um dado bem inusitado: quando enviei os originais para a editora, o nome do livro era *Alinhamento Energético (Fogo Sagrado): uma terapia quântica para o terceiro milênio* — quase o mesmo nome da presente publicação.

Antes de imprimi-lo na gráfica, a editora me enviou os originais para revisão, mas não a capa — e eu não me dei conta disso (talvez nem eles). Quando recebi o livro impresso, vi que o título havia sido mudado pelo Luiz Gasparetto para *Fogo Sagrado*, sem Alinhamento Energético e sem o subtítulo!

Isso me remeteu imediatamente a um fato ocorrido com a terapeuta sensitiva carioca Mônica Oliveira, bem no início do seu trabalho na Alemanha, em 2002 — na época ela trabalhava com Carlos Henrique Alves Correa, seu cunhado. Em uma das vezes em que ela foi para lá para mais um mês de trabalho, a terapeuta se deu conta de que o organizador alemão tinha feito toda a divulgação do seu trabalho como se ele se chamasse "Fogo Sagrado" e não "Alinhamento Energético". Ele pensou que o trabalho tivesse esse nome porque o endereço de e-mail da Mônica era "fogosagrado"... E para um bom entendedor dos sinais...

Então, o mesmo Marcelo Cezar — que hoje eu chamo humorada e carinhosamente de "padrinho do livro" —, por ocasião da tarde de autógrafos do *Fogo Sagrado* no espaço da editora em São Paulo, me perguntou se eu tinha planos de escrever outro material sobre o tema. Respondi que até estava mesmo pensando em produzir um novo livro — não diretamente sobre Alinhamento Energético —, mas desenvolvendo e aprofundando a temática abordada na segunda parte do *Fogo Sagrado* (que fala sobre a parte filosófica, ideológica e psicológica que embasa o trabalho).

Então Marcelo sugeriu que eu escrevesse um segundo livro sobre Alinhamento Energético e desenvolvesse mais o assunto, focando dessa vez a minha ótica, a minha experiência. Ele também sugeriu que eu abordasse casos clínicos e que reunisse depoimentos e testemunhos de alunos e clientes. Eu "abracei" a proposta e chamei a Gabi para escrevê-lo comigo.

No primeiro livro — *Fogo Sagrado* —, assumi deliberadamente uma posição mais distanciada de narrador e, dessa forma, contei a história dos criadores do trabalho, descrevi suas teorias e técnicas, falei sobre os alicerces filosóficos, energéticos, psicológicos e metodológicos dessa terapia, mas quase não me incluí pessoalmente na narrativa.

A proposta deste novo livro é, então, continuar a ampliar e aprofundar o assunto — principalmente trazendo casos, histórias e depoimentos —, mas agora sob a minha perspectiva, a partir dos meus estudos, da minha prática, vivência, experiência e da minha história com esse trabalho. Nesta nova publicação, decidi incluir também alguns textos do livro *Fogo Sagrado* devidamente revisados e ampliados.

Em um primeiro momento, tive como mestra e parceira Mônica Oliveira, uma das duas pessoas que receberam da Egrégora do Ministério de Cristo e do xamã Dior Allem (Aloysio Delgado Nascimento) a missão de estruturar o ensino deste trabalho e espalhá-lo pelo mundo. A outra pessoa foi seu cunhado Carlos Henrique Alves Correa, que se fixou em São Paulo juntamente com Desirée Costa, sua esposa e parceira, expandindo o seu trabalho — assim como Mônica também o fez — por vários países da Europa desde 2002.

Carlos Henrique — que teve um estreito contato com o xamã — foi quem desenvolveu a técnica de fazer Alinhamento Energético com um só terapeuta, dando à sua terapia e ao seu instituto o nome de Ouro Verde. E Mônica deu ao seu trabalho o nome de Fogo Sagrado, abrindo no Rio de Janeiro o Núcleo Fogo Sagrado juntamente com sua filha Tatiana Auler e com a terapeuta e cantora Letícia Tuí.

Ambos — Fogo Sagrado e Ouro Verde — são afluentes diretos do Alinhamento Energético original canalizado pelo xamã. Então convencionou-se grafar Fogo Sagrado–Alinhamento Energético para designar o trabalho da Mônica Oliveira; Ouro Verde–Alinhamento Energético para designar o trabalho do Carlos Henrique; e Cura Interior–Alinhamento Energético para designar o nosso trabalho.

Hoje trabalho com a minha esposa e parceira Gabriela Carvalho, que divide comigo este novo livro sobre Alinhamento Energético, que será desdobrado a partir da nossa experiência juntos como terapeutas e professores — embora eu tenha incluído também várias histórias e casos que aconteceram no tempo em que eu trabalhava com a Mônica.

Por isso, assim como o livro anterior começa contando a história do xamã e da Mônica antes de entrar na seara mais técnica e filosófica da terapia, iniciamos este livro com as nossas próprias histórias — minha e da Gabi — até o ponto em que o trabalho promove o nosso encontro e a nossa parceria pessoal e profissional.

Boa jornada!
Ernani Fornari

INTRODUÇÃO

Alinhamento Energético é uma técnica terapêutica xamânica brasileira que foi desenvolvida pelo falecido farmacêutico, agrônomo, alquimista, pesquisador e sensitivo fluminense Aloysio Delgado Nascimento (hoje também chamado de xamã Dior Allem), a partir de suas observações — reunidas durante quase quinze anos de interação com as tribos indígenas do norte e do sul do Brasil — sobre como os pajés (xamãs) procediam em seus trabalhos de cura nas aldeias.

Ao longo desse tempo, Aloysio percebeu que, quando um índio procurava o curador da tribo apresentando algum tipo de desequilíbrio, além de combater os seus sintomas com ervas e rituais nativos, o pajé sempre investigava — utilizando seu sexto sentido — o histórico do indivíduo para compreender (e curar) o que havia acontecido na vida do índio doente e que podia ter se apresentado na forma de uma doença física, psicoemocional e/ou social.

A partir daí, Aloysio dedicou a sua vida a desenvolver um trabalho que representasse o que ele, durante tanto tempo, observou nas intervenções realizadas pelos pajés em suas tribos — mas em outro formato —, para que este trabalho pudesse ser aplicado em consultório, sem rituais ou conotação religiosa, e atendesse a pessoas de todos os credos e níveis sociais e culturais.

Posteriormente, a terapeuta sensitiva carioca Mônica Oliveira — que trabalhou com Aloysio durante muitos anos até a morte do pesquisador — reformulou essa técnica dando a ela o nome de Fogo Sagrado, desenvolvendo e sistematizando cursos de formação para terapeutas no Brasil e no exterior. Desde 2002, vários terapeutas/professores brasileiros estão trabalhando em diversos países da Europa.

A característica principal deste trabalho é a utilização da sensitividade (também chamada de sexto sentido, mediunidade, paranormalidade, percepção extrassensorial), que, através da canalização — outra forma de mediunização —, acessa do inconsciente do cliente os registros, memórias e conteúdos dolorosos e limitadores, que formam os seus sistemas de crenças e padrões e aparecem no corpo/mente na forma de desequilíbrios físicos, psicoemocionais e/ou sociais, impedindo que a vida da pessoa flua com plenitude, harmonia e prosperidade de acordo com seu potencial, desejo e merecimento. O atendimento individual é realizado por um ou dois terapeutas, dura de 90 a 120 minutos e acontece em quatro fases (desenvolvidas em uma mesma consulta).

Na primeira fase da consulta o trabalho é explicado: suas origens, como funciona e como será desenvolvido. Essa primeira fase — a explicação do trabalho — só acontece na primeira consulta.

Na segunda fase, os terapeutas fazem uma leitura e uma interpretação do campo energético do cliente, ou seja, acessam as imagens, emoções e sentimentos que são emanados do seu sistema consciente/inconsciente.

Na terceira fase da consulta — intitulada "fase de limpeza" —, o terapeuta capta (canaliza) esses conteúdos (que neste trabalho se chamam "corpos energéticos" ou *samskaras* — como os chamam os hindus —, expressando-os mediunicamente com gestos e palavras, liberando-os, assim, do campo do cliente e encaminhando-os para a Dimensão de Luz — a Egrégora do Ministério de Cristo —, que guia e apoia o trabalho de transmutação e reequilíbrio desses conteúdos psicoemocionais.

Na quarta fase, esses conteúdos retornam ao cliente na sua polaridade positiva e expandida (chamados agora de "Corpo em Luz") e se reacoplam na pessoa acompanhados de uma "senha" (ou mantra), que funciona como uma medicina reintegradora dos novos conteúdos para que os velhos padrões — que foram transmutados e reequilibrados — não sejam reconstruídos.

A utilização consciente da Senha é a parte ativa, voluntária e responsável do cliente no seu processo de reequilíbrio. A Senha é um veículo de potencial energético curado e equilibrado na forma de palavras/sons, assim como, por exemplo, a homeopatia utiliza bolinhas ou pó de lactose ou sacarose (ou água destilada com álcool) como veículo da energia potencial de cura.

Em sua estrutura teórica e filosófica, a terapia do Alinhamento Energético (Fogo Sagrado) pretende integrar cinco grandes correntes de conhecimento: os conhecimentos orientais, o Xamanismo, a Física Quântica, a Parapsicologia e a Psicologia Transpessoal.

Observa profundamente duas leis fundamentais (que são na verdade aspectos funcionais da Lei do Karma): a Lei da Sincronicidade e a Lei da Ressonância.

E a metodologia do trabalho repousa sobre quatro importantes alicerces:

1. A não invasão do campo do cliente (não invadir a sua privacidade), ou seja, apenas o que é disponibilizado pelo Eu Superior (Self) do cliente é acessado pelos terapeutas;

2. A neutralidade e o não julgamento;

3. A não manipulação, isto é, não alterar o karma para satisfazer desejos pessoais. À medida que os bloqueios e os traumas são transmutados e ressignificados, a própria

pessoa atrai para a sua vida o que merece e tem capacidade de lidar. Não trazemos o ser amado em três dias, por exemplo;

4. O desapego aos resultados. É o Universo que, em última análise, decide onde, como e quando as mudanças vão acontecer, pois nem sempre o que desejamos é o que necessitamos (e vice-versa).

Além dos atendimentos individuais, o Alinhamento Energético pode ser realizado em grupo nas formas de Roda de Cura (em que as pessoas sentam em círculo com um cliente no centro) e de Terapia Transdimensional (que é uma integração do Alinhamento Energético com as Constelações Sistêmicas, desenvolvida por Mônica Oliveira).

Em nosso trabalho Cura Interior–Alinhamento Energético, a principal característica é a integração do Alinhamento Energético com as Constelações Sistêmicas.

Cura Interior–Alinhamento Energético é Alinhamento Energético com a utilização de ferramentas de Constelações Sistêmicas. Desta integração também foram desenvolvidas as Constelações Sistêmicas Integradas (que são as Constelações Sistêmicas que utilizam ferramentas de Alinhamento Energético) e as Constelações Sistêmicas Dinâmicas (que é um encontro das Constelações Sistêmicas Integradas com a terapia Transdimensional).

I. UM POUCO DA HISTÓRIA DO AUTOR

Aquariano — com ascendente em Virgem, lua em Capricórnio e meio do céu em Gêmeos —, nasci no Rio de Janeiro em 1956.

A primeira roupinha com a qual me vestiram foi dada à minha avó materna — a atriz francesa Henriette Morineau — por Chico Xavier, que lhe disse, em uma de suas visitas, que sua filha iria engravidar (minha mãe era recém-casada) e que daria à luz um menino. Na ocasião, ele presenteou a minha avó com um enxoval azul e pediu que desse enxoval fosse retirada a primeira roupa a ser vestida em mim. E assim foi.

Minha avó era uma mulher muito interessada na espiritualidade e dizia sempre (e muito enfaticamente com seu sotaque francês): — "Eu não sou 'espírrita', eu sou 'espiritualista'". Ela gostava muito de contar suas visitas ao grande médium de Uberaba e também a outro famoso médium mineiro, Zé Arigó, que incorporava o médico alemão Doutor Fritz e fazia cirurgias.

Lembro-me muito de um episódio que ela sempre contava, envolvendo uma das intervenções do Doutor Fritz. Certa vez, em Congonhas do Campo, durante uma visita a Arigó — em uma sessão em que estavam presentes vários médicos e cientistas estrangeiros, que haviam viajado para investigar o conhecido médium —, Doutor Fritz, com seu clássico sotaque alemão, pegou um canivete — que fazia de bisturi —, esfregou os dois lados da lâmina na sola do sapato e disse para a audiência: — "Focês estan pensanda que esta canifeta está esterrilissada?", e saiu operando os olhos das pessoas ali presentes com aquele canivete "esterilizado" pelo astral, sem que ninguém sentisse dor ou apresentasse sangramentos.

Esta natureza aberta, curiosa e eclética de minha avó — que, além de tudo, era uma excelente contadora de histórias, não fosse já uma excelente atriz — foi muito importante para a minha formação pessoal e espiritual. Ademais, ela era uma grande fã de Mahatma Gandhi — até hoje tenho o livro *Minha vida e minhas experiências com a verdade* (a autobiografia de Gandhi), que pertencia a ela e ocupava a cabeceira de sua cama. Minha avó, na verdade, foi o que poderíamos chamar de meu primeiro "guru".

Foi ela quem, aos meus 13 ou 14 anos (lá pelo finalzinho dos anos 1960), colocou em minhas mãos alguns livros de dois autores que vieram a abrir importantes portais para mim naquele momento: Allan Kardec e Lobsang Rampa.

O primeiro — o codificador do Espiritismo — me ajudou a relembrar conhecimentos que provavelmente eu já possuía, pois até hoje me recordo da sensação de enorme perplexidade experimentada ao ler Kardec e perceber que todos aqueles conceitos — reencarnação, mediunidade, vida depois da morte, a Lei de Causa e Efeito (a que chamamos hoje de Lei do Karma) — eram para mim familiares e bem lógicos (e até mesmo bastante óbvios).

O segundo, um autor best-seller da época, bastante controvertido e de qualidade contestada, me possibilitou reconhecer, relembrar e resgatar as minhas memórias orientais.

Ler tudo isso reverberou profundamente no que meu pai costumava chamar de "ouvido interior". Não precisou passar pelo racional para ser compreendido. Houve uma compreensão visceral. Um verdadeiro relembrar, recordar, resgatar.

Mas a minha verdadeira inserção no universo oriental (especialmente no hindu) começou efetivamente em 1974, quando, aos 18 anos, comecei a praticar Hatha Yoga com um amigo surfista — que foi também quem me apresentou ao vegetarianismo e à alimentação macrobiótica. Posteriormente, fui praticar Yoga com o saudoso Vitor Binot (quem se lembra da música Monsieur Binot da Joyce?), um dos pioneiros da prática no Rio de Janeiro.

Por coincidência, em sua juventude, meu pai foi um grande amigo dos pais de dois pioneiros no ensino do Yoga (Paulinho Salles Guerra, que foi aluno de Binot) e da Vedanta (Glória Arieira) no Rio de Janeiro — pessoas essas que tiveram, cada uma à sua maneira, importância e influência no meu caminho.

Outro fato familiar, que também influenciou decisivamente a minha formação pessoal — e posteriormente as minhas escolhas profissionais —, foi que, quando nasci, meus dois avôs residiam em uma pequena cidade chamada Miguel Pereira, nas montanhas do sul do estado do Rio de Janeiro. Ou seja, sempre existiram casas de campo na minha vida, que me propiciaram desde cedo uma forte conexão com a natureza. Sei perfeitamente que, em algum lugar dentro de mim, sempre houve a certeza de que meu destino estaria de alguma forma ligado intimamente a ela.

No início dos anos 1970, quando frequentava o então curso ginasial em um colégio interno em Nova Friburgo (RJ) — que na época pretendia ser o "Summerhill" brasileiro —, tive contato com os dois grandes movimentos que estavam florescendo e efervescendo naquele momento: o movimento político de resistência à ditadura militar e o movimento hippie.

Naquele ensejo e em minha geração, jovem que não era playboy provavelmente estava inserido de alguma forma em um daqueles movimentos. E embora sempre estivesse antenado ao movimento de resistência política, optei pela cultura hippie, pela chamada "contracultura".

Optei depois pelo que veio a ser chamado de Nova Era, de movimento alternativo e aquariano, quando o lema "sexo, drogas & rock'n'roll" foi substituído pela ecologia, por terapias alternativas, alimentação natural, comunidades rurais, agricultura orgânica, terapias orientais, Yoga e meditação.

Em 1974, terminei o segundo grau e fui fazer a viagem que toda a tribo "hipponga" e alternativa fazia na época: pegar o Trem da Morte até a Bolívia e viajar até Machu Picchu, no Peru.

Durante a viagem, soube da existência de um verdadeiro paraíso (ainda) desconhecido — Visconde de Mauá —, localizado nas montanhas entre o Rio de Janeiro e Minas Gerais.

Ao voltar para o Rio, eu me matriculei na faculdade de comunicação (embora minha intenção até aquele momento fosse ser músico) e no primeiro feriado fui correndo conhecer a tão falada Mauá. Amor à primeira vista foi pouco. Foi paixão fulminante! Até hoje tenho impressa na retina da memória a primeira vez que vi a vila da Maromba.

Voltei para o Rio, tranquei a faculdade, desisti de ser músico profissional e fui morar em Mauá com alguns amigos. Fiz parte da primeira geração dos chamados "hippies de Mauá" e acabei surfando na vanguarda de todo um movimento contracultural e alternativo que emergia no Brasil e em todo o planeta naquele momento.

Foi um divisor de águas, por exemplo, ter ganhado de um vizinho logo ao chegar à cidade (alô, Beto Maia!) alguns exemplares do jornal Ordem do Universo, uma então recente e pioneira publicação "nanica" editada em Brasília sobre a emergente cultura alternativa, ecológica e macrobiótica no Brasil. Foi a minha primeira "bíblia" e a minha primeira bússola nesse caminho pelo qual minha vida tem se desenrolado até hoje.

Também foi um divisor de águas ter experienciado a meditação pela primeira vez através do meu (até hoje) amigo e compadre Paulão Perazzo (conhecido na época também como Paulo Maromba e Paulo Xavante), então recém-chegado a Mauá após ter vivenciado uma série de experiências em comunidades espirituais na Europa, no tempo em que se ia para lá "num cargueiro do Lloyd lavando o porão".

Vendi muito pão integral na cachoeira; abri o primeiro restaurante natural de Visconde de Mauá — o Céu da Boca —, na Maromba em 1975; vivi em comunidades alternativas — em *ashrams* —; tentei ser monge; fui aos primeiros ENCAs (Encontro Nacional de Comunidades Alternativas); e vi nascer os movimentos naturalista, espiritualista, ecológico e agro--ecológico no Brasil.

Saí de Mauá e, anos depois, acabei me fixando na região de Miguel Pereira e Vassouras — terra da minha infância —, onde acabei fazendo parte da primeira geração de produtores orgânicos do Rio de Janeiro. Trabalhei por mais de quinze anos com agroecologia (horticultura e fruticultura) e com micropecuária (apicultura e minhocultura).

No início dos anos 1980, fui coproprietário da primeira empresa de produtos naturais de Jacarepaguá (RJ) — a Jay Manah — e tive a oportunidade de ser um dos fundadores (e posteriormente, nos anos 1990, um dos diretores) da pioneira (e extinta) Coonatura, ONG agroecológica carioca.

A Coonatura chegou a ter quatro pontos de venda de produtos orgânicos no Brasil (um deles foi a primeira feira orgânica do Rio de Janeiro — na praça do Russel, Glória — e outro foi a saudosa casa da Rua Hans Staden, em Botafogo) e desenvolveu um pioneiro trabalho de produção rural orgânica na região do Brejal (Petrópolis), que ainda existe e que chegou a envolver mais de vinte famílias de produtores.

Tudo começou no final dos anos 1970, quando a carta de um leitor do extinto JB — insatisfeito com a qualidade dos alimentos (muito grato, Joaquim Moura, sua carta catalisou muita coisa boa que reverbera até hoje!) — acabou mobilizando muitas pessoas interessadas em alimentação e ecologia, que se uniram para criar a Coonatura.

Mais tarde, chegou à região do Brejal — que faz parte do cinturão verde do estado, perto de Petrópolis — meia dúzia de jovens alternativos pós-hippies, cheios de ideologias e de boas intenções. Pela Coonatura, eles alugaram um sítio e começaram a produzir verduras e legumes orgânicos e a comprar a produção da vizinhança (que topasse aprender a cultivar sem o uso de agrotóxicos), pagando mais do que eles ganhavam vendendo para os atravessadores do Ceasa e com a vantagem de não precisarem mais gastar (e se envenenar) com adubos químicos e outros produtos.

Além de ter sido sócio-fundador e diretor da Coonatura, fico feliz de ter sido também — e de certa forma — o responsável pela decisão de implantar, em 1985, o trabalho de produção orgânica da Coonatura em uma área arrendada (os "Albertos", no Brejal) e envolvendo as famílias que citei — já que inicialmente cabia a mim definir quem iria morar lá e implantar o trabalho.

Na última hora, no entanto, a vida deu uma guinada e eu tive que ir fazer outra coisa em outro lugar, mas assim mesmo eles arrendaram a terra que até hoje é uma das maiores abastecedoras de hortifrúti orgânico do Rio de Janeiro. Paulo Aguinaga e Tuika foram (e ainda são) verdadeiros heróis da resistência.

Saindo um pouco agora dessa área mais ecológica e natureba, há mais uma vertente da minha história que ainda não incluí aqui e que eu gostaria de comentar — a da arte.

Não só a minha avó materna foi atriz, como também meu avô paterno (Ernani Fornari) e meu pai (Claudio Fornari) foram escritores, poetas, dramaturgos (meu pai também foi ator) e jornalistas. Além disso, meu avô materno (Georges Morineau) havia sido ator da Comedie Française e chegou a se apresentar para o czar da Rússia antes da revolução. Sem falar da minha mãe — que nasceu e cresceu em um ambiente de teatro — e de mim mesmo, que vivi minha infância brincando no palco e nos camarins do teatro do Copacabana Palace, onde minha avó trabalhou por muito tempo.

Uma curiosidade: meu pai começou a namorar a minha mãe em uma peça de teatro em que trabalhavam meu pai, minha mãe e minha avó.

Então, como fui criado entre pessoas muito ligadas às artes e à cultura em geral, bem cedo comecei a escrever poesia, a cantar e a tocar violão, e, posteriormente, a compor e escrever em prosa. Ser músico era na época a minha meta.

Minha veia musical eclética, que também tem um dedo da minha avó materna — que era expert em música clássica e ouvia jazz e rock comigo —, acabou me rendendo um repertório autoral meio "bipolar": por um lado desenvolvi um trabalho de cantos sagrados — inicialmente com mantras hindus aos quais, posteriormente, se acoplaram cantos nativos sul e norte-americanos e afro-brasileiros —; por outro lado, minha vivência na roça e o meu encontro musical, rural e espiritual com Bull & Bill da Aldeia do Sol (RJ) acabaram por fazer precipitar um estilo de música caipira meio rock rural, que resultou em um extenso repertório de temática ecológica, alternativa e espiritual, muito inspirada no folk, no country norte-americano e também nos mestres neocaipiras brasileiros, como Almir Sater e Renato Teixeira.

Toda essa intensa vivência musical — a longa quilometragem de noites de lua e de céu estrelado na serra, tocando e cantando à beira do fogo com os amigos, e também os anos de *satsanghas* e retiros espirituais sempre com muitos mantras, *kirtans* e *bhajans* — acabou gerando quatro CDs independentes, que foram gravados em estúdios de amigos e também em meu próprio estúdio — numa época em que tive um. Toda essa música hoje é parte integrante e inseparável do nosso trabalho.

Também fui fotógrafo profissional por uns dez anos — de 1970 a 1980 —, na época em que a gente tinha laboratório de revelação no quarto de empregada de casa. O tempo das fotos P&B: casamentos, batizados, festas de 15 anos, aniversários, formaturas, os pôsteres e os álbuns de crianças e adolescentes.

Trabalhei também por alguns anos em um hotel fazenda, fotografando os hóspedes em fins de semana, férias e feriados — enquanto morava no sítio — e fazendo trabalhos como freelance para a FAO (ONU), onde meu pai trabalhava.

Bem pouco criativa foi a minha história com a fotografia, mas tive a oportunidade de conviver e aprender muito com alguns bons fotógrafos da minha geração.

Na área da literatura, comecei escrevendo artigos sobre ecologia, agroecologia e alimentação natural para as publicações alternativas pioneiras, que surgiam a partir da segunda metade dos anos 1970. Meu primeiro livro publicado foi dedicado a receitas ovolactovegetarianas (*Céu da Boca*, em homenagem ao restaurante de Mauá), no início dos anos 1980.

Escrevi depois um dos primeiros livros de agricultura ecológica (que teve três edições) e um dos primeiros dicionários de ecologia (com duas edições) — que foi lançado na Eco 92 —, ambos editados no Brasil, além de um livro de música devocional ocidental e oriental e o *Fogo Sagrado*, que precede o presente material.

Meu pai trabalhava na FAO (o órgão da ONU para agricultura e alimentação) como jornalista internacional e, durante décadas, tive acesso a um abundante material sobre agropecuária e ecologia.

Aos 27 anos conheci Swami Tilak, um monge hindu que havia completado — descalço e com dois panos enrolados ao corpo — duas voltas ao redor do mundo, sem ter ou pedir nenhum tostão a ninguém.

Tilak esteve por duas vezes no Brasil. Não pertencia e nem havia criado seitas ou escolas, nem tampouco, como ele mesmo dizia, fundado algum "ismo". Apenas estava nos lugares para onde o levavam e ali ele distribuía seu conhecimento e sua sabedoria com total desapego, sem fazer questão de ter discípulos, fama ou alguma instituição ou organização que lhe prestasse suporte.

Esse ser muito especial — que desencarnou um ano após o nosso encontro — iniciou-me em 1983 com o nome espiritual de Dharmendra (Senhor do Dharma) e, desde então, ele tem sido uma das minhas grandes referências não só no universo hinduísta, como também em meu próprio desenvolvimento pessoal e espiritual.

A primeira vez em que ouvi falar de Swami Tilak foi em um encontro de Yoga, organizado por um grupo espiritualista do qual eu fazia parte e que aconteceu no bairro carioca de Santa Teresa, em 1981.

Como eu fazia parte da organização do evento, não tinha muito tempo para assistir às palestras, mas me lembro muito bem do momento em que, passando pelo local onde ocorria uma apresentação, percebi que a palestrante falava muito emocionada sobre alguém — chorando mesmo. Aí eu parei um pouco e a ouvi falar sobre um mestre e sobre a sua experiência ao lado dele na Índia.

Fiquei bem tocado com aquela cena e perguntei ao líder da organização do evento quem era o mestre de quem aquela senhora (a querida e saudosa Mãe Karuna de Brasília, que depois vim a conhecer) falava de forma tão emocionada. Então me disseram que se tratava de Swami Tilak, que já tinha vindo ao Brasil em 1973 e estava para retornar, naquele ano ou no ano seguinte, ao país. Dessa forma, fiquei antenado às notícias sobre o seu retorno.

Swami Tilak acabou retornando ao Brasil em 1983 e agregou em torno de si um grupo de pessoas — que depois se tornou uma das minhas famílias.

No dia em que conheci Tilak, fui, juntamente com o seu então companheiro de viagem Brahmachari Nitya Chaitanya — que é quem cuida do *ashram* do mestre de ambos (Baba Bajaranga Dasji Maharaj) na Índia —, levá-los para conhecer o Jardim Botânico.

Em determinado momento, eu estava andando ao lado de Swami Tilak bem à frente das outras pessoas — justamente na alameda central do Jardim Botânico do Rio, onde há palmeiras enormes —, quando, de repente, ele parou em frente a uma das palmeiras, ficou um pouco em silêncio e depois falou: — "Meu Mestre dizia que já existem muitos santos no mundo. O mundo não precisa de mais santos (e apontou para a palmeira); o mundo precisa de homens. Homens como essa palmeira".

Aquilo foi um profundo choque para mim. Foi muito, muito impactante mesmo. Eu estava emocionado, muito tocado de estar na presença de uma pessoa que, pela primeira vez na minha vida, meu coração reconhecia como um ser muito especial, um ser não comum. E eu estava no auge da minha fase hindu — só usava roupa branca, fazia Yoga e meditava duas vezes por dia, fazia japa, jejuns, pujas, estudava Vedanta, almejava ser santo — e, de repente, vem um cara que eu reconheço como santo me dizer que o mundo não precisa de santos, mas sim de homens!

Eu até conhecia essa frase do mestre dele, porque Swami Tilak havia escrito uma biografia sobre seu mentor e eu havia ganhado um exemplar do livro de Mãe Karuna naquela palestra. Mas naquele momento eu desmontei, pirei, surtei. Aquilo foi um verdadeiro *mega koan zen*, que muito (e por muito tempo) me intrigou, confundiu, desconstruiu e que provocou em mim grandes conflitos internos. Tudo só passou a fazer sentido dez anos após essa cena acontecer, quando voltei para a cidade em 1996, aos 40 anos, e passei a viver uma nova etapa da minha vida.

26

Este *koan* foi o grande presente que Swami Tilak me ofereceu. Foi, na prática, muito mais relevante para a minha vida do que o nome espiritual e o mantra com que ele me presenteou durante a iniciação. Foi como uma esfinge que diz: — "Decifra-me e ilumina-te". A iluminação com certeza ainda não aconteceu, mas agradeço imensamente a conquista da minha humanidade, da minha sagrada humanidade.

Eu até circulei bastante pelo meio orientalista brasileiro (carioca), mas não como quem procurava desesperadamente uma turma bacana da qual fazer parte ou um guru para seguir, nem como quem pulava de galho em galho sem se fixar em nada, só para ficar variando ao sabor de uma mente inquieta. Circulei bastante como quem desejava aprender, melhorar cada vez mais e obter uma visão ampla e profunda de si e da vida e que percebeu que as diversas religiões, seitas, tradições, ideologias, filosofias e escolas expressam apenas pontos de vista diferentes do mesmo UM, assim como um diamante — composto por inúmeras facetas.

E eu sou muitíssimo grato a todos os lugares por onde tenho passado e a todas as pessoas com quem tenho tido o privilégio de interagir e realizar trocas. Honro, agradeço e respeito muito todos. Acho que, desde bem cedo, percebi que a minha posição em relação aos aspectos ideológicos, filosóficos, religiosos, espirituais da vida não me fixava a nenhuma igreja, instituição, organização ou a grupos de qualquer espécie — em nenhuma área da minha vida.

Mesmo a minha relação com Swami Tilak é bastante atípica (e ele, diga-se de passagem, também era bem atípico) em relação a padrões tradicionais entre mestre e discípulo. Na verdade, eu não sigo ninguém. Swami Tilak é para mim uma grande referência, inspiração e exemplo — como muitos outros são em diferentes níveis —, só que com a particularidade de que essa "referência" eu cheguei a conhecer pessoalmente!

Percebi logo que estava do lado dos "sem time", dos livre-
-pensadores, no time de quem constrói pontes e atalhos, dos
ecléticos e sincréticos, dos que integram os caminhos, que
reciclam e readaptam, repensam, releem, reinventam, reformam
e atualizam. Atraía-me, como ainda me atrai muito — não le-
viana e irresponsavelmente —, poder fazer uma "mistureba" ou
um "samba do crioulo doido" qualquer e criar alguma terapia
"nova"; perceber as semelhanças e coincidências existentes
entre as diversas tradições e caminhos de autoconhecimento
e de cura produzidos pela humanidade e integrá-las inteligente,
responsável e sinergicamente a serviço da saúde e da expansão
da consciência, especialmente neste importante e emergente
momento de transição planetária.

Em 1996 — aos 40 anos —, retornei para a cidade
grande (Rio de Janeiro), depois de vinte anos vivendo na roça,
e reiniciei do zero a minha vida pessoal e profissional, não
mais com agricultura orgânica e apicultura — inviabilizadas
em função dos efeitos funestos dos fracassos dos Planos
Cruzado e Collor sobre os pequenos produtores —, mas
dessa vez com Yoga e terapias.

Fiz excelentes formações profissionais em Hatha Yoga,
Dakshina Tantra Yoga, Yogaterapia Integrativa, Massoterapia
(massagens Ayurvédica, Bioenergética/Reichiana, Tailandesa,
Quiropraxia oriental e indiana), Ayurveda, Renascimento,
Reiki, Cinesiologia e Constelações Sistêmicas.

Vivenciei incontáveis momentos mágicos e transforma-
dores ao longo das três últimas décadas — muitos cursos,
retiros, *satsanghas*, fogueiras xamânicas, vivências terapêuticas,
eventos —, mas destacaria como experiências altamente
relevantes na minha vida os retiros espirituais com as *sanghas*
de Swami Tilak, Nitya Chaitanya e PraKashmayananda em
Teresópolis e Palmares (RJ) e no templo Jñana Mandiram
em Brasília nos anos 1980 e 1990, assim como os trabalhos
xamânicos e terapêuticos na Aldeia do Sol (RJ) a partir de 2000.

Inesquecível também foi a minha formação em Yogaterapia Integrativa — entre 1997/98 — com o querido Joseph Le Page (que atualmente comanda, ao lado de sua companheira Lilian, o fantástico Centro de Yoga Montanha Encantada em Garopaba, SC), no mágico espaço nas montanhas do casal Martina e Carlos Galliez — o Morgenlicht — em Nova Friburgo (RJ), quando me curei definitivamente de uma hérnia de disco lombar, que me acompanhava há vinte anos em função de um tombo de rede em Mauá.

Eu já havia feito fisioterapia, acupuntura, homeopatia, massagens, quiropraxia, RPG, operação espírita e, claro, Yoga e nada efetivamente funcionava. Em vinte anos, tive meia dúzia de crises bem sérias e, em uma delas, cheguei a ficar internado por uma semana em um hospital no qual, por sorte, não me operaram. Meu estômago, por sua vez, já estava adoecendo por conta da grande quantidade de anti--inflamatórios e analgésicos.

Como estudava para ser instrutor de Yoga e tinha iniciado uma formação top de Yogaterapia, eu enfrentava também uma crise pelo fato de ser uma incoerência querer tratar dos outros sem conseguir me curar.

No caminho para o local do curso, no ônibus que nos levava, Joseph ia entrevistando individualmente cada um dos passageiros. Quando foi a minha vez, falei que estava me dando uma "last chance" para resolver o conflito "minha lombar *versus* Yoga". Se aquele curso não resolvesse definitivamente a questão, eu iria tentar outra profissão. Então ele disse que me usaria como modelo nas aulas e que faríamos trabalhos paralelos intensivos nos intervalos. O curso duraria duas semanas.

E assim, no terceiro dia, meus amigos — acreditem se quiserem —, eu já não tinha mais dor e nunca mais voltei a tê-la!

Na época, lembrei-me muito de um episódio ocorrido no início dos anos 1980, quando morava em um *ashram* em Visconde de Mauá e tive uma das minhas crises lombares mais sérias (fiz até algumas operações espíritas nos centros Ramatis e Tupyara).

Como ali tínhamos uma biblioteca com muitos livros de Yoga e de filosofia oriental em geral, tirei uma tarde para pesquisar essas publicações no intuito de selecionar uma série de posturas de Yoga, que fossem específicas para mim e que curassem definitivamente a minha hérnia lombar.

A biblioteca que eu frequentava devia reunir uns quinze ou vinte livros de Hatha Yoga, traduzidos em vários idiomas. Geralmente, as publicações sobre esse tema trazem no final uma relação de doenças e as posturas mais indicadas para o seu tratamento (e também as contraindicadas), ou, ao contrário, uma listagem das posturas e o potencial de cura relacionado a determinadas doenças e as suas contraindicações.

E lá fui eu todo feliz organizar a série de *asanas* que iria me curar!

Iniciei a pesquisa superanimado, mas, ao me deparar com tantas indicações e contraindicações nas partes finais dos livros, fui percebendo que era tal a discrepância e a discordância de informações entre as publicações dos diversos autores e escolas — um dizia que tal postura era ótima para tal problema e outro dizia que era péssima — que acabei desistindo de buscar respostas e fiquei sem conseguir entender o sentido daquilo tudo. Fechei então os livros e passei anos sem praticar Hatha Yoga.

Só quando comecei a frequentar os cursos de Formação de Instrutores de Yoga — depois de mais de dez anos — e a estudar anatomia e fisiologia, é que comecei a entender o funcionamento biomecânico do corpo e, assim, dar um embasamento anátomo-cinesiológico correto ao meu aprendizado, à manutenção da minha cura (obtida na formação de Yogaterapia) e, posteriormente, à minha prática profissional.

Após ter sido aluno, fui por alguns anos professor do Curso de Formação de Instrutores de Yoga da Associação Brasileira de Profissionais de Yoga (ABPY, RJ). Posteriormente, fui vice-presidente do órgão e pude colaborar na elaboração da grade curricular do curso, o que fez com que tal formação viesse a ser a primeira no Brasil a ser reconhecida pelo MEC.

Quando voltei para o Rio em 1996, também pude viabilizar um antigo projeto: fazer terapia. Decidi então me dedicar à psicoterapia reichiana, que teve um importante papel no meu caminho evolutivo, no sentido de me colocar em contato claro e direto com as minhas resistências e reatividades e com meus sistemas de controles e defesas. E aí, claro, eu saí da terapia.

Minha dedução "lógica" na época foi: "Então comigo tinha que ser na porrada, já que eu era casca grossa...".

Comecei então a experienciar terapeuticamente o Rebirthing (Renascimento — depois me tornando terapeuta), a Respiração Holotrópica e as Tendas do Suor xamânicas, além da terapia bioenergética, na tentativa de "dissolver as minhas couraças na marra".

Quem me "salvou" do "autossadomasoquismo terapêutico" foi a minha ex-sócia, ex-vizinha e psicóloga Silvia Rocha, que um dia comentou meio *en passant* — em algum momento em que eu provavelmente discorria sobre os benefícios (e a superioridade) dos trabalhos terapêuticos superfortes — que "o sutil também pode ser muito forte e muito profundo". Ouvir aquilo foi para mim mais um portal que se abriu, mais um grande divisor de águas.

Continuei (como continuo até hoje) fazendo Renascimento e Tenda do Suor, mas agora só para me limpar e me curar e não mais para me punir e me violentar. Para eu me amar mais e não mais para lutar comigo e contra os meus fantasmas.

Costumo dizer de brincadeira que em 1998 "os índios invadiram a minha vida". A partir daí, iniciei a minha inserção no universo do Xamanismo, primeiramente por meio do querido Cesar Cruz — com as minhas primeiras Tendas do Suor na Aldeia do Sol — e das fogueiras da lua cheia, organizadas há mais de quinze anos no bairro carioca de São Conrado por uma argentina de alma tupy-guarany chamada Rosário. Nesse meio-tempo, recebi dos índios krenak o nome Guererê (lagarto) e dos fulni-ô o nome Tchleká (pai da natureza).

Mas, na verdade, a minha primeira conexão com o Xamanismo se deu através da obra de Carlos Castañeda nos anos 1970. Li e releio seus livros — especialmente os quatro primeiros volumes — até hoje e é sempre um grande e renovado aprendizado.

Existe uma profecia inca que diz que, quinhentos anos após a invasão que aconteceria no continente americano, a águia voltaria a voar com o condor, em uma alusão ao resgate e à integração entre os povos nativos das Américas e, em uma perspectiva mais ampla, ao encontro das tradições xamânicas do norte e do sul. Não posso, então, deixar de compartilhar aqui dois momentos mágicos que tive o privilégio de presenciar e que têm a ver com essa profecia.

Um desses momentos aconteceu em 2003, em uma fogueira de lua cheia da Rosário em São Conrado (RJ) — no dia em que recebi da Shirley, filha do falecido cacique krenak Itchotchó (Waldemar), então chefe dos caciques de Minas Gerais, o nome Guererê (o lagarto) —, quando pudemos presenciar uma cena inesquecível: enquanto todos permaneciam sentados em silêncio, o cacique Itchotchó dançava em volta da fogueira com um xamã siberiano — que havia recém-chegado ao Brasil e tinha sido levado para conhecer a fogueira. Ambos estavam em profunda conexão e harmonia!

O outro momento, mais ou menos na mesma época, aconteceu na Aldeia do Sol (RJ) — coincidentemente com o mesmo cacique krenak Itchotchó —, mais especificamente na ocasião em que amigos ligados às tradições nativas norte-americanas trouxeram ao Brasil o falecido guerreiro mohawk Sun Dancer Crow Bear. Num dos eventos que contaram com a presença de Crow Bear, os krenak foram convidados e Itchotchó passou o dia inteiro "conversando" com o guerreiro (o cacique não falava inglês, nem o mohawk falava português). Foi maravilhoso ver aqueles dois homens abraçados durante todo o dia em total comunicação e comunhão pelo coração, através da linguagem da natureza e do espírito.

E ocorreram, nesses anos todos, muitas curas nas Tendas do Suor, muitos trabalhos lindos e profundos nas fogueiras, muitos cantos e muitas danças.

Lembro muito também de, no início da minha história com o Xamanismo, ficar me fazendo a seguinte pergunta: — "O que será que, depois de vinte anos imerso na fantástica cultura hindu, os índios teriam para me dizer e ensinar de novidade? Afinal, eu estou aqui há anos em contato com o que de mais sofisticado e evoluído foi produzido pela humanidade: a cultura oriental. E os índios nem desenvolveram a escrita...".

Mais tarde, fiquei perplexo ao perceber como isso era um preconceito inconsciente. Desde os anos 1970, como ecologista, espiritualista e de esquerda, sempre tive simpatia e apoiei a causa indígena, mas sinceramente nunca havia, até então, me aberto para perceber e honrar a grandeza espiritual dos povos nativos.

Vai ser sempre inesquecível em minha memória a primeira vez em que adentrei na mata com um índio — episódio que aconteceu na Aldeia do Sol, em companhia do pajé tupy-guarany Tobi.

Para alguém como eu, que estava habituado ao exercício do silêncio através da meditação na perspectiva oriental, foi impactante vivenciar esta outra forma de experiência do silêncio. Para os índios, ao falar, você para de escutar a natureza, para de perceber os seus sinais e corta esta conexão. O Universo está o tempo todo se comunicando e interagindo conosco através da natureza e do mundo espiritual.

Hoje, sei que os índios me trouxeram, antes de mais nada, outra perspectiva de *bhakti* (devoção): a *bhakti* pela natureza, pela Mãe-Terra, pela minha humanidade. A ressacralização da minha simples vida humana no planeta.

A perspectiva oriental não é tão fechada como as judaico--cristãs e islâmicas — com suas visões de pecado e culpa. A vertente tântrica do hinduísmo, então, se aproximaria mais de uma visão mais xamânica da vida.

Para a maioria das religiões, a vida humana, material, sensorial é apenas um mal necessário do qual você deve se esforçar muito para se livrar rapidamente. No Tantra e no Xamanismo tudo é sacralizado. Tudo é sagrado: a vida, o corpo, a mente, as emoções, o sexo. Tudo é divino; tudo pode ser igualmente caminho para a escravidão ou para a libertação.

Mudando de assunto — mas sem perder o foco —, queria compartilhar também que para mim é muito interessante e enriquecedor poder testemunhar "ao vivo" o que a gente chama aqui de "a segunda invasão". O privilégio de poder surfar outra vez em uma nova "vanguarda paradigmática".

Explico: assisti, no início dos anos 1970, à "invasão" do Oriente no Ocidente. Presenciei a abertura dos primeiros espaços de Yoga, dos restaurantes macrobióticos e vegetarianos e das primeiras lojas; conheci os primeiros acupunturistas e massoterapeutas orientais; e fiz os primeiros cursos de culinária macrobiótica, de terapias orientais (quem dessa época não fez o curso de Do In do Juracy Cançado?), os primeiros congressos e eventos espiritualistas e terapêuticos. Li também os primeiros livros sobre o assunto e acompanhei as primeiras publicações da área.

Quem nunca ouviu falar de Yoga, meditação, macrobiótica, Shiatsu, Ayurveda, acupuntura, budismo, I Ching, Zen, chakras, Tai Chi Chuan, Feng Shui? O Oriente faz parte integrante da nossa vida e da nossa cultura! Já teve até novela sobre a Índia!

Esta foi, com certeza, a grande conexão Ocidente–Oriente (Leste–Oeste)! E isso há muito tempo tem sido profetizado na Índia e no Tibet.

Agora podemos presenciar — especialmente dos anos 1990 para cá — outra invasão: a dos xamãs e dos pajés. Ainda em crescimento — tal como estava a "onda" oriental no início da década de 1970 no Brasil —, o Xamanismo, com seus pajés e *medicine men*, vem cumprir diversas profecias milenares que diziam que o Caminho Vermelho iria ser resgatado nestes tempos de transição em que vivemos e que isto seria feito com a ajuda de vermelhos, que estavam renascendo como homens brancos. Estes homens brancos, por sua vez, iriam ajudar a resgatar o Caminho Vermelho. São os Guerreiros do Arco-Íris. E esta é a grande conexão Norte–Sul!

No que diz respeito ao nosso trabalho — Alinhamento Energético —, creio que o ressurgimento do que está sendo chamado de Xamanismo — presente nos povos das Américas, África, Havaí, Oceania, Leste Europeu e em todo o norte do planeta — está trazendo em seu bojo um profundo resgate do que poderíamos chamar de nosso "sexto sentido" (também conhecido como mediunidade, percepção extrassensorial, sensitividade, paranormalidade e, mais modernamente, de canalização), para finalidades terapêuticas e curadoras.

Utilizando uma terminologia espírita kardecista, é a instrumentalização terapêutica da mediunidade anímica (medianimismo) que, até então, não tinha função. As culturas xamânicas e os povos das estrelas vêm trazer essa função terapêutica à mediunidade anímica, aumentando assim o leque do potencial mediúnico da humanidade.

O sexto sentido — que não é o que se convencionou chamar de "dom" (algo que só as pessoas muito evoluídas possuiriam) — nem é um poder sobrenatural como os *siddhis* do Yoga; é uma parte importante do nosso sistema psico-energético que a cultura ocidental simplesmente ignorou em função das crenças das religiões dominantes.

E o sexto sentido utilizado no Xamanismo não é aplicado apenas na interação com os desencarnados — como o faz competentemente, por exemplo, o Espiritismo e a Umbanda — ou para acessar os reinos arquetípicos e elementais da natureza — como, por exemplo, no caso do candomblé —, mas também para abrir uma via de acesso direta ao nível inconsciente da psique, para assim otimizar o processo de conscientização, ressignificação e reequilíbrio das causas do sofrimento humano e dos seus efeitos.

Era essa a pergunta, segundo Aloysio, que os pajés faziam ao inconsciente do índio doente através do sexto sentido: — "O que aconteceu em algum momento da(s) sua(s) vida(s), que hoje está aparecendo aqui como uma doença?".

É impressionante a quantidade de terapias que têm aparecido nos últimos vinte anos com essa mesma peculiaridade: a utilização do sexto sentido.

E este não é só o caso do Alinhamento Energético (que tem suas raízes nos índios brasileiros), como também o do Psicotranse (do psiquiatra baiano doutor Eliezer Mendes), do Resgate de Alma (de Michael Harner e Sandra Ingerman, uma terapia baseada no Xamanismo norte-americano), das Constelações Sistêmicas (terapia criada pelo psicoterapeuta alemão Bert Hellinger, que viveu como missionário por muitos anos entre os zulus na África), da Apometria (trabalho terapêutico desenvolvido no sul do Brasil, derivado do Kardecismo), do Tetha Healing, EMF Balancing Technique, Frequências de Brilho etc. A maioria dessas técnicas e terapias é de origem canalizada e muitas delas, direta ou indiretamente, derivaram do Xamanismo e/ou dos povos das estrelas.

No final dos anos 1990, comecei a trabalhar como instrutor de Yoga e como terapeuta em um dos mais tradicionais espaços dedicados à técnica e a terapias diversas do Rio de Janeiro — o Espaço Saúde (ex-Instituto Ganesha, fundado em 1994) —, situado em Laranjeiras, em uma linda casa *art déco* tombada pelo IPHAN.

O Espaço Saúde foi criado em 1998 pelo psicólogo e jornalista Ralph Viana e, em 2003, nos tornamos sócios.

Ralph, que hoje mora em Florianópolis, foi quem me proporcionou um grande aprofundamento no universo da psicologia reichiana e bioenergética através do seu excelente curso de massagem — que foi fundamental para a minha formação como massoterapeuta e yogaterapeuta.

Ele foi fundamental também no momento em que eu estava querendo (e precisando) promover uma mudança profissional em minha vida: eu era instrutor de Yoga e desejava fazer um upgrade no sentido de inserir a massoterapia e a Yogaterapia na minha prática profissional — ou seja, começar a atender às pessoas individualmente em um consultório.

Eu já tinha feito vários cursos de massagem, uma super-formação em Yogaterapia (meu pai até me chamava, na época, de "cursólatra") e ainda continuava indeciso e inseguro.

Um dia, Ralph me perguntou quando eu iria começar a atender como terapeuta. E eu respondi: — "Quando estiver pronto". Ao que ele respondeu (literalmente): — "Quem vai decretar que você está pronto? Você está esperando que Deus apareça pessoalmente e lhe dê um documento por escrito? O terapeuta vai ficando pronto durante o processo de 'ser' terapeuta. É um processo de aprendizado e amadurecimento constante, que vai acontecendo no próprio desenrolar da prática profissional". Hoje, como terapeuta e professor, endosso a sua fala e agradeço imensamente a sua intervenção.

Em 2003, outro grande portal se abriu: aprendi com a terapeuta sensitiva carioca Mônica Oliveira — de quem fui companheiro e parceiro profissional por cinco anos — uma poderosa técnica terapêutica xamânica brasileira chamada Alinhamento Energético (reorganizada e rebatizada por Mônica de Fogo Sagrado) —, que tem suas raízes nos conhecimentos indígenas brasileiros.

Além de dar outra eficiência, amplitude e profundidade ao meu trabalho interno de autoconhecimento e crescimento pessoal, o Alinhamento Energético criou uma ambiência muito especial para que pudesse ser realizada, dentro (e fora) de mim, a integração das cinco correntes de pensamento que motivam, norteiam e nutrem o meu caminho pessoal e profissional: o conhecimento oriental, o Xamanismo, a Física Quântica, a Parapsicologia e a Psicologia Transpessoal. O Alinhamento Energético se prestou perfeitamente como caldeirão para essa sopa eclética e quântica.

Essa integração holística, sistêmica e sinérgica tem embasado e respaldado o meu caminho pessoal e a minha prática profissional como professor, facilitador e como terapeuta desta e de outras técnicas com as quais trabalho.

Com o Fogo Sagrado, por cinco anos, fomos, Mônica Oliveira e eu, quinze vezes para a Alemanha e sete para a Áustria, onde permanecíamos por um mês — cada vez — e fazíamos às vezes mais de cem atendimentos individuais em cada viagem, além de palestras, workshops e cursos de formação de terapeutas — uma verdadeira maratona de trabalho terapêutico e energético em dois países marcados, em seu inconsciente coletivo nacional, pelos muitos (e profundos) ecos psicoemocionais de duas guerras. Com ela, fiz cerca de 2.000 atendimentos e formei mais de duzentos terapeutas, no Brasil e na Europa.

Ser professor e terapeuta de Alinhamento Energético é hoje para mim o resultado prático do meu trabalho interno para ressignificar duas poderosas crenças, que me limitavam muito: a primeira, bem expressa (e impressa) por uma frase, que, durante anos, enchi a boca para falar: — "Eu não sou médium, não sinto nada, não vejo nada, não ouço nada; sou um tijolo, uma porta". Fiquei famoso na família e entre os amigos por essa frase. Já a outra grande quebra de crença ocorreu quando me desvinculei da Mônica — pessoal e profissionalmente — e fui (re)iniciar um trabalho "solo", de que falarei mais adiante.

O curioso é que sempre havia um centro espírita ou de Umbanda cruzando a minha vida. Volta e meia eu estava visitando algum. E, desde o tempo em que eu lia os livros de Kardec da minha avó, fui desenvolvendo uma forte relação de fascínio *versus* pavor em relação à questão mediúnica. E aquilo, na minha imaturidade, era um misto de fascínio pelo mistério, *science fiction* e revista de terror.

Adorava ter acesso à literatura espírita — que muito me nutria filosófica e espiritualmente —, gostava de ir aos centros, achava tudo superfascinante e interessante, mas dentro do centro eu sempre passava um pouco mal, suava frio, bocejava sem parar e morria de medo de incorporar alguma entidade.

Pude acompanhar até determinado ponto, no início dos anos 1990, o despertar mediúnico de um grande e querido amigo, Dudu Lopes, que, sem se identificar com nenhuma das abordagens chamadas genericamente de espíritas (Kardecismo, Umbanda e Candomblé), optou por fazer seu desenvolvimento sensitivo de forma autônoma e independente, não se vinculando a instituições ou escolas existentes no plano físico e contando, claro, com as instruções e com a proteção de Seres de Luz que guiam e amparam — o que veio a se tornar seu estilo de vida e o seu método de atendimento terapêutico.

Lembro-me da minha enorme resistência em aceitar plenamente o fato de que ali ao meu lado alguém estava manifestando, de uma hora para outra, possibilidades extrafísicas

39

— e ele estava tão perplexo quanto eu. Hoje sei que Dudu Lopes também estava fazendo um "espelhão" para mim, para o meu medo da conexão com as outras dimensões, para o meu medo de ser sensitivo.

Além do medo, havia também um pouco do meu "ego oriental" — já que essa história de mediunidade e canalização não aparece muito no universo oriental — e eu apresentava alguma arrogância em relação a isso — mas era pura resistência e prepotência.

Hoje, eu rio muito disso tudo, mas na época eu atormentei meu amigo, que atualmente é um experiente sensitivo e desenvolve um grande trabalho terapêutico e energético a partir da conexão consciente com as dimensões e com os seus mentores espirituais.

A primeira mostra que o Universo me deu do que eu viria a fazer posteriormente na minha vida (claro que estou aferindo isso com o olhar do presente) foi em 1999, quando conheci, através do Instituto Collunas e do seu diretor Claudio Senra, o Instituto Neburah.

O Neburah era uma instituição espiritualista não espírita, dirigida por um casal muito simpático do qual não me recordo os nomes e com quem, infelizmente, perdi o contato.

O instituto possuía uma sede — cuja energia era excelente — e as pessoas que o frequentavam eram maravilhosas. Você ia lá, passava por vários tratamentos — relaxamento, passes, cristais, aromas, cromoterapia etc. — e, no final, o colocavam em uma sala com uma pessoa que estava incorporada pelo Mentor do trabalho; com uma sensitiva que incorporava você (lembro que achei fantástica aquela possibilidade); e, por fim, com uma pessoa que conversava com você através da sensitiva.

Não. Não era Alinhamento Energético. Não tinha CL nem Senha, nem Guardiões do MC.

Quando os trabalhos acabaram, reencontrei o casal (o marido é quem incorporava o Mentor) e perguntei a ele quem era o Mentor (ele tinha um nome — do qual não me lembro —, mas que me pareceu meio ET). O homem então me respondeu que o Mentor era uma outra dimensão dele mesmo — e eu fiquei na mesma naquele momento. Só entendi o que ele quis dizer cinco anos depois desse encontro.

Hoje, observando, por exemplo, o trabalho do Neburah, o psicotranse do doutor Eliezer Mendes, o AE do Aloysio, acho fantástico como esses *insights* de usar a sensitividade para trabalhar conteúdos psicoemocionais já estavam disponíveis no Universo.

Mas o meu desenvolvimento mediúnico acabou acontecendo mesmo por conta da minha inserção total no Alinhamento Energético, sob a batuta experiente da Mônica.

Não passei por um curso regular de formação de terapeutas. Aprendi o que sei no dia a dia com a Mônica e lembro bem de uma ocasião em que elaborei um extenso questionário com uma série de dúvidas e pedi a ela que me ajudasse a elucidá-las. Eu estava bem no início do aprendizado, tendo que vencer uma enorme resistência interna em relação à questão da sensitividade.

Em vez de responder às perguntas que eu havia formulado, Mônica colocou em minhas mãos uma pilha de questionários respondidos por ex-alunos — questionários de avaliação final do curso de formação de terapeutas. Os documentos foram, então, a minha "apostila". Posteriormente, participei da confecção da apostila oficial do Curso de Formação de Terapeutas de Alinhamento Energético.

A Egrégora do Ministério de Cristo foi muito compassiva e paciente comigo. Deu-me todas as comprovações de que eu precisava — muitas delas bastante "spielberguianas" ("efeitos especiais"), como costumamos dizer —, para atender à minha mente questionadora e ao ceticismo em relação à minha capacidade de assumir a minha sensitividade e de, posteriormente, realizar sozinho o trabalho e ensiná-lo a outras pessoas.

Atualmente, sou um terapeuta sensitivo, canalizador experiente e seguro e não tenho mais nenhum medo da outra dimensão. Isso tem a ver diretamente com uma outra grande quebra de crença — que citei anteriormente — que ocorreu quando me desvinculei da Mônica — pessoal e profissionalmente — e fui (re)iniciar um trabalho "solo" — ainda sem a segurança de que seria realmente capaz de dar conta sozinho do que me aguardava, depois de ter trabalhado com uma sensitiva do calibre e da experiência dela.

Esse sentimento me acompanhou até um fato atravessar a minha crise e catalisar um grande movimento interno profundamente norteador: a publicação em alemão de um livro sobre o Fogo Sagrado, escrito por uma ex-aluna e então terapeuta e professora da técnica na Alemanha: Claudia Kern. Foi o primeiro livro editado no mundo sobre o assunto.

Eu estava no auge da minha "certeza" de que nunca mais iria trabalhar com Alinhamento Energético, "certeza" de que aquilo tinha sido uma fase, de que eu ia voltar, outra vez, a me dedicar integralmente ao mundo do Yoga e do Ayurveda, que esse mundo da sensitividade e do Xamanismo — pelo menos no sentido profissional — não era exatamente a minha seara, que eu não tinha cacife para bancar isso sozinho, quando soube que esse livro em alemão tinha saído.

Quando recebi da autora o livro em alemão e o peguei em minhas mãos, parece que, imediatamente, um grande véu se abriu e um enorme peso saiu de mim. Vi o absurdo que era jogar fora os cinco anos de profundo e intenso aprendizado e trabalho, e aquilo subitamente me instigou, me inspirou e me deu uma força incrível. Então, eu me confinei no meu sítio e, numa catarse, escrevi o livro *Fogo Sagrado* em quinze dias; estruturei um curso de formação e toda a sua divulgação (fiz site, blog, flyers, folders e cartazes); e voltei para o Rio de Janeiro abrindo minha agenda para atendimentos individuais com Alinhamento Energético.

Foi graças também à ajuda terapêutica de meus amigos Alex Fausti e Letícia Tuí que pude me investir do meu autovalor e do meu poder pessoal, ressignificar essas crenças e iniciar o meu trabalho sozinho como professor e terapeuta, até encontrar a minha companheira e parceira Gabriela Carvalho, retomar o trabalho em dupla e chegar ao formato e à dinâmica que a nossa atividade tem hoje.

Quero encerrar esta pequena autobiografia, compartilhando a história de como o Universo trabalhou em minha vida nos episódios do meu retorno para a cidade aos 40 anos — após vinte anos na roça — e no retorno ao sítio quinze anos depois, aos 55 anos.

Após a minha falência como agricultor e apicultor no final dos anos 1990 — com as derrocadas dos Planos Cruzado e Collor —, fiquei em uma situação financeira bastante ruim e com filhos pequenos para ajudar a criar. Uma ótima oportunidade então apareceu e troquei de sítio — na mesma região —, mas com a possibilidade de mudar de ramo e investir em algo como uma pousada, um hostel ecológico ou um espaço para terapias.

Assim continuei até me separar em 1994. Os filhos, então, foram morar na cidade e eu fiquei em uma péssima situação financeira, já que os planos de transformar o sítio em um hostel holístico acabaram não vingando como eu planejara.

Aos 40 anos — após vinte anos dedicando-me a viabilizar uma vida no interior através da produção rural orgânica —, de repente me vi totalmente falido, sem perspectivas e tendo que atender a demandas familiares urgentes.

Isso foi se arrastando por quase dois anos. Quando eu atingi o auge do desespero e estava totalmente sem saída, numa mesma quinzena e depois de muitos anos, um grande amigo reapareceu querendo alugar um sítio para morar (isso resolvia a pensão dos meus filhos); o irmão da minha nova companheira me ofereceu um trabalho no Rio (o que resolvia a minha sobrevivência por lá); e um dia, "por acaso", vi em uma loja de produtos naturais um flyer sobre um curso de formação de instrutores de Yoga.

Naquela época, eu não parava de pensar no que fazer aos 40 anos, em uma cidade grande e competitiva como o Rio de Janeiro, já que tudo o que eu sabia fazer era cultivar hortas, pomares e jardins e criar abelhas e minhocas.

Ao ver aquele flyer, outro véu caiu e um portal se abriu na mesma hora. Foi um grande *insight*. Eu vinha transitando no universo hindu havia vinte anos, mas nunca tinha me ocorrido ser professor de Yoga ou massoterapeuta oriental profissionalmente. Mas a ficha caiu e eu fui estudar e trabalhar no Rio.

Não foi uma transição fácil morar em Copacabana, andar de ônibus e metrô, encarar rush, verão infernal e engarrafamentos depois de vinte anos em um sítio, mas em nenhum momento me arrependi ou pensei em voltar.

Para ganhar, às vezes, a gente tem que perder. Para construir, a gente tem que desconstruir. E o meu sacro-ofício, a minha parte no projeto desse grande upgrade de vida foi aceitar os movimentos do Universo, não atrapalhá-los e dar o passo de voltar para a cidade, caindo firme nos estudos e no trabalho.

A partir daí, foi uma verdadeira sucessão de portas que se abriram e alavancaram o meu crescimento pessoal e profissional, com pessoas maravilhosas cruzando o meu caminho e possibilitando trocas, experiências e avanços fundamentais.

Quando voltei para o Rio em 1996, uma coisa engraçada ficou buzinando na minha mente (e que eu nunca entendi direito até hoje). Era como uma intuição, um feeling maluco de que eu iria ficar quinze anos na cidade e depois voltaria para o campo de novo (cheguei a comentar isso com algumas pessoas). Eu mesmo não achava nada absurda esta ideia, muito pelo contrário. Um dia eu ia querer mesmo voltar, mas achei interessante o detalhe do intervalo temporal: quinze anos! Minha referência para voltar era quando meus filhos se tornassem independentes.

Então, poucos meses depois de completar quinze anos no Rio (meus filhos já estavam independentes), numa mesma quinzena, o locador do Espaço Saúde nos intimou para renovar o contrato do imóvel, impondo um reajuste de mais de 200% (o que literalmente inviabilizava a continuação da empresa), e o locador da casa onde eu morava havia oito anos (que é na mesma rua da empresa) pediu o imóvel para reformá-lo e vendê-lo.

Desde que passei a viajar para a Alemanha com a Mônica em 2004, comecei a plasmar internamente a intenção de reformular a minha vida profissional, de parar de dar aulas de Yoga e de trabalhar com massoterapia, e, por fim, de viver só de Alinhamento Energético e de terapias, conquistando uma maior autonomia e independência para viajar e passar mais tempo no sítio.

Mas eu sabia perfeitamente que o Universo iria articular tudo no tempo certo, como fez quando vim para o Rio. Esse tempo durou sete anos.

De repente — de uma hora para outra —, eu tinha que resolver urgentemente a questão do Espaço Saúde e arrumar um local novo para morar. Foi aí que resolvemos, Gabi e eu, passar as nossas turmas de Yoga para outros professores, mudar para o sítio e só ir ao Rio quinzenalmente para realizar os atendimentos e dar as aulas nos cursos de formação. Tínhamos, nesse interim, até arrumado um comprador para o Espaço Saúde.

Quando o Universo viu que já tínhamos resolvido tudo, mudado tudo e que as nossas escolhas e decisões eram irreversíveis, sabe o que ele fez? Numa mesma quinzena, acredite se quiser, os dois locadores mudaram de ideia! O locador do Espaço Saúde topou fazer um reajuste justo — e não mais de mais de 200% — e o da casa desistiu temporariamente de vendê-la, topando alongar mais um pouco o contrato.

Durante dois anos, vivemos metade do tempo no sítio e metade no Rio, até que, em um mesmo mês, o proprietário da nossa casa do Rio acabou pedindo mesmo a propriedade de volta para dar início a uma reforma; a pessoa que alugava a casa sede do sítio — ocupávamos uma casa de caseiro que reformamos — há dez anos não quis renovar o contrato; e, para completar, os donos do Espaço Saúde nos informaram que iriam colocar o imóvel à venda.

Atualmente, moramos em tempo quase integral na roça, estudando, pesquisando, meditando e fazendo Yoga; compondo, cantando e tocando na fogueira; lendo e escrevendo; mexendo na terra e gerenciando o nosso trabalho pela internet. Parte do tempo andamos pelo mundo ministrando palestras, workshops, cursos de formação e atendimentos de Alinhamento Energético, Terapia da Respiração e Constelações Sistêmicas.

Enfim, já falei dos livros que escrevi, falei das árvores que plantei, mas não falei dos filhos que tive: três homens maravilhosos! E uma netinha!

Gratidão!
Ernani Fornari, 2013.

II. UM POUCO DA HISTÓRIA DA COAUTORA

Tenho uma família maravilhosa, com pai, mãe e irmão deliciosos e nos amamos demais. Eu, Gabriela, já existia para a minha mãe antes mesmo da gravidez. Ela diz que sempre soube que a Gabriela viria e então nasceu uma canceriana, com ascendente em Escorpião, meio de céu em Câncer e lua em Câncer! Muita água no mapa!

Venho de uma família extremamente católica, dessas que vai à Santa Missa todo domingo — isso é tão forte em mim até hoje, que me vi escrevendo somente "missa" e com letra minúscula e correndo para corrigir, já que iria cometer um sacrilégio. E lá vou eu também por Sacrilégio com letra maiúscula.

Minha mãe conta que, quando a enfermeira me trouxe do berçário para o quarto onde estavam ela, meu pai, meus avós e minha madrinha e me colocou em seus braços, eu olhei para todo mundo que me aguardava — um por um —, depois olhei para ela e sorri.

Só que eu não dormia de jeito nenhum. Minha mãe conta que minhas tias tiveram que ir para a casa dos meus pais para ajudá-los na difícil tarefa de fazer a Gabrielinha dormir, mas nada acontecia.

47

Depois de algumas semanas e muitos exames clínicos — que não acusaram absolutamente nada de estranho —, o meu pediatra — em quem minha mãe confiava cegamente e com toda a razão, pois ele era um excelente médico — me passou um remedinho para dormir, porque o fato de eu não dormir era mais nocivo do que tomar o remedinho. E com o tal remédio eu até consegui, por fim, dormir um pouco.

Lá se vão cinco anos e eu insistindo para a minha mãe me dar um irmãozinho, que eu queria que se chamasse Carlos Imperial — de quem eu era fã na época, mas que hoje nem lembro de quem se trata. Para a sorte do meu irmão, minha mãe conseguiu me convencer de que era um nome muito grande e eu topei chamá-lo de Roberto — pois meu pai se chama Paulo Roberto.

Depois de tanto insistir e da minha mãe me pegar mentindo para as pessoas que eu tinha um irmãozinho, ela engravidou do meu amado Beto. Quando a minha mãe me contou que o meu irmãozinho já estava em sua barriga, comecei a dormir sem remédio. Esses remédios para dormir me acompanharam por cinco anos.

Em uma Constelação Familiar que fiz em 2009 com Bernd Isert, no Metaforum, apareceu uma criança falando que não dormia. E sabem por quê? Quem iria tomar conta dos pais dela se ela dormisse?! Pois é, quando meu irmão nasceu, eu pude dormir melhor porque tinha quem me ajudasse a cuidar dos meus pais — padrão que eu trabalho para transmutar até hoje.

Fui uma criança cheia de problemas, ou seja, tive todas as doenças de infância e mais algumas. Minha mãe conta que, quando tive coqueluche, meu rosto e pescoço pareciam um mapa hidrográfico de tantas veias que estouraram.

Nada era muito levinho para mim, mas eu fui uma criança extremamente feliz e bem-humorada. Eu tinha até uma camisolinha de doente — toda floridinha e de flanela — e me lembro bem que, quando adoecia, queria logo botar a camisolinha.

Eu também falava sozinha à noite, falava uma língua estranha e via coisas na parede. Eu tenho uma vaga lembrança dessas coisas na parede com as quais eu conversava.

Uma vez, minha mãe me levou a uma senhorinha para me benzer e ela falou que eu era médium e que tinha que desenvolver a minha mediunidade. Eu não era tão pequena e nunca me esqueci disso. Minha mãe ficou apavorada e eu mais ainda. Macumbeira, eu? Essa era a minha visão sobre qualquer coisa que não fosse Catolicismo ou Protestantismo: era tudo macumba. Eu tinha um misto de pavor e fascínio por tudo que era místico e "macumbáceo" para mim. Morria de medo e de curiosidade.

Eu ia à missa nos fins de semana e minha mãe fazia parte de um movimento que se iniciava na Igreja Católica: a Renovação Carismática. Quem quiser saber mais sobre esse movimento, acesse: www.cancaonova.com. A Renovação Carismática iscou o meu coração.

O Movimento de Renovação Carismática pretende, entre outras coisas, resgatar o gosto pela oração profunda, pessoal e comunitária, com ênfase especial no louvor a Deus pelos Dons do Espírito Santo. Quando fui relembrá--los, um a um, temos todos eles, hoje, dentro do trabalho do Alinhamento Energético.

Minha mãe frequentava os grupos de oração — composto apenas por senhoras. Lembro-me de estar lá com o meu livrinho de canto na mão (o nome do livro era *Louvores ao Senhor*, das Edições Paulinas) e via aquelas senhoras orando na língua dos anjos e as ouvia falar sobre profecias e curas. Tudo era fascinante!

Ah! E o padre Miguel! Uma figura! Um mulatinho de 1,50 metro de altura, que se confundia com a molecada da rua, de uma alegria e um carisma como eu nunca vi. Hoje, ele está no Acre junto ao povo das comunidades indígenas, pelo que eu soube — não sei o que deu, pois ele era bem revolucionário para a época.

Na minha adolescência, como todo jovem, tive muitos amigos e fui a muitas festinhas. Na minha época — anos 1990 —, era bem mais tranquilo ser jovem e eu era muito tranquila também; tudo era muito normal.

Participei de muitos encontros de jovens com Cristo. Coordenei grupos de jovens, de oração, retiros de fim de semana e grupos de formação em Liturgia. Fazia parte do Ministério de Cura e Libertação, dos grupos de oração e trabalhava ativamente junto à paróquia, que eu frequentava nos fins de semana para participar da missa. Era integrante também do grupo de Liturgia e cuidava de todos os preparativos para a Santa Missa.

Mas o que eu realmente amava eram os encontros, os retiros e as vigílias. Passei por experiências indescritíveis em cerimônias de adoração ao Santíssimo, no sacramento da Eucaristia! Assisti a curas lindas — momentos que aquecem o meu coração até hoje, só ao relembrá-los.

Lembro-me de um retiro de cura e libertação, em que eu estava trabalhando como coordenadora. Na ocasião, eu dormia em um quarto que dava direto para a capela, onde ficava o ostensório com a hóstia consagrada. De repente, acordei com uma luz muito forte que vinha da capela e entrava por baixo da porta de nossa acomodação. Acordei uma amiga que dormia comigo, a Ruth, e fomos ver o que estava acontecendo. Quando abrimos a porta do quarto, TODA a capela estava iluminada por um canhão de luz que vinha do ostensório. Caímos as duas de joelhos a orar e a agradecer aquela graça e vimos aquilo como uma comprovação de que o encontro estava agradando muito a Deus.

Outra vez, em uma vigília que antecederia um retiro, vimos o ostensório explodir em luz e fogo. Depois da cena, o objeto apareceu intacto.

Já senti muito a presença física de Jesus Cristo ao meu lado, enquanto orava diante do Santíssimo. Física mesmo, a ponto de sentir seu calor e sua respiração. É lindo demais esse meu Deus!

Uma vez, voltando à noite de um grupo de oração no Alto da Boa Vista, no Rio de Janeiro, eu vinha descendo um pedaço a pé com uma amiga, quando vimos dois homens se aproximando. O local era perigoso e em oração pedi que Jesus derramasse seu sangue sobre nós e nos protegesse. Os homens então passaram direto por nós duas com cara de espanto. Não entendemos muito bem o que aconteceu e decidimos sair correndo.

Mais à frente, uma senhora que encontramos no caminho nos olhou muito espantada e perguntou como tínhamos nos machucado, pois estávamos cobertas de sangue. Entreolhamo-nos, não vimos nada e saímos correndo de novo.

Certa vez, eu estava em um ponto de ônibus com a minha madrinha de crisma. Tínhamos saído de uma reunião na igreja onde aconteceria um retiro de cura e libertação com o padre Robert DeGrandis — que eu desejava muito participar. Como não tinha dinheiro, estava arrasada. Porém, eis que, de repente, "do nada", se aproxima um homem com um envelope na mão e o entrega a mim. Quando abri o envelope, havia a quantia exata para pagar o retiro. Quando nos voltamos para procurar o homem, nada! Nem sombra dele. Ninguém viu o indivíduo, a não ser nós duas.

Namorei por sete anos o meu ex-marido, que também participava do movimento carismático, claro! Ele era integrante do Ministério de Música e tocava e cantava nas missas. Éramos um casal modelo!

Nós nos casamos em 2001 e nos separamos em 2005. Que feio, não é? Um padre muito amigo nosso me disse assim que me separei: — "Por favor, minha irmã, não se una a NINGUÉM novamente, pois quero encontrá-la no céu!" Desculpe, padre Gerson, não deu para segurar, casei de novo! Nós nos encontraremos onde Deus quiser! — respondi, rindo.

Na época, eu tinha uma carreira muito bem-sucedida na área financeira. Era uma executiva bem posicionada, trabalhava doze horas por dia, mas estava muito cansada.

Uma vez, assustei-me comigo mesma. Entrei no banheiro da empresa onde trabalhava, que não tinha janela basculante, era todo fechado, silencioso e escuro. Sentei-me então no chão, tapei os ouvidos, fechei os olhos e fiquei quietinha lá por um tempo e, quando dei por mim, pensei: "O que você está fazendo aqui? Para que fechar os olhos se não enxerga nada nessa escuridão? E também não se ouve nada daqui? Acho que não estou bem!".

Em maio de 2003, tive uma sucessão de gripes. O médico diagnosticou stress e me pediu para "tirar o pé do acelerador". E o que eu fiz? Matriculei-me no curso de Psicologia de uma faculdade. Hoje, vejo que eu vivia tentando fugir de mim mesma para não olhar para um monte de coisas e que trabalhava loucamente por acreditar que aquela era uma "ótima" saída.

Havia me formado em Administração de Empresas por conta da área de trabalho em que já atuava, mas meu grande sonho era cursar Psicologia. Acho que foi até por isso que optei por me especializar em Recursos Humanos.

Algumas passagens em minha vida entre os anos 2001 e 2003 me abalaram profundamente. Em setembro de 2001, um mês antes do meu casamento, a minha avó materna, o amor da minha vida, morreu de trombose. Já em 2003, minha avó paterna foi diagnosticada com mal de Alzheimer. Eu não disse que nada era levinho na minha infância?

Como a minha avó adoeceu em agosto, consegui adiar o casamento em dois meses. Ela então me dizia: — "Não adianta me enganar. Eu vou ao seu casamento nem que seja de cadeira de rodas. Sabe aquele vestido do casamento do seu primo Robson? Então, chame Nami (a costureira dela) para vir aqui e apertar um pouco, porque eu perdi peso. Sapato eu quero preto de pelica, que é mais confortável".

Eu também era o amor da vida dela, a sua primeira neta. Minha avó Edith era tão charmosa e dengosa que, quando ia visitá-la, ela só comia sua sopinha se eu desse um beijinho nela a cada colherada. Enfim, não falei que tenho uma família deliciosa?

Outra passagem dolorosa em minha vida foi a perda de minha avó paterna, Deolinda, que estava com Alzheimer e também era uma flor de pessoa. Dediquei-me muito a ela enquanto esteve doente, apesar de trabalhar muito, da nova faculdade e da vida de casada. O pouquinho de tempo que me restava dedicava a ela — e eu era a única pessoa que ela reconhecia.

A doença dela evoluiu assustadoramente rápido. Em 6 de dezembro de 2003, a minha avó morreu e, em 9 de dezembro de 2003, eu apaguei. Diagnóstico: Depressão profunda.

A primeira coisa que o médico — um excelente psiquiatra — me disse foi: — "Isto é uma ordem médica: peça demissão do seu trabalho!".

Mas, como assim?! Onde está a minha saúde? Onde está o meu trabalho? Onde está tudo? Mas não tinha negociação — e ele tinha razão —, pois iriam ficar me telefonando e eu não iria me desligar. Demissão, sim! Foi feito, sim, senhor médico (doutor Rui Carvalho: o cara!).

Liguei para o médico — que estava na quadra da escola de samba Viradouro com a filha — e ele foi então correndo para o banheiro para me ouvir melhor. Depois decidiu ir embora da quadra, porque eu poderia ligar precisando de sua ajuda e ele poderia não escutar!

O tratamento transcorreu durante o ano de 2004 (oh, ano!), que foi marcado por uma intensa e constante troca de remédios. Além das constantes substituições de medicamentos, a minha adaptação aos remédios também foi muito difícil. Não sentia os efeitos positivos do tratamento e acho que, no fim das contas, eu nunca me adaptei às medicações prescritas.

Nada adiantava e por várias vezes me peguei entre o colchão e o estrado da cama.

Recordo-me de um remédio de última geração que custou uma fortuna. Lembra que eu pedi demissão do emprego? Pois é, fui parar no INSS para receber 70% do meu salário de carteira, porque era o máximo que o órgão pagava.

Mas isso era o de menos. Eu não tinha noção do preço de nada, porque meus pais e meu marido me preservavam de tudo na época. O tal remédio me deu uma reação que me fez chorar durante 48 horas sem parar! Eu dormi e acordei chorando e assim permaneci por vários dias.

Em dezembro desse mesmo ano — 2004 —, me deu a "louca" e eu quis muito morrer. Peguei vários remédios, tentei ingeri-los, mas o meu marido chegou na hora e me deu uma bronca enorme. Depois disso, fomos dormir, mas eu continuava a pensar nos remédios e em uma forma de driblar o meu marido sem que ele acordasse ou percebesse a minha movimentação.

Mas aí veio aquela vozinha no meu ouvido: — "Lembra-se daquele chumbinho (veneno), que você colocou no canto do armário para os ratos? Deve estar lá ainda!". Fui checar e não é que os ratinhos tinham se salvado? Peguei as bolinhas, um copo de água e sentei confortavelmente na poltrona da sala.

Quando abri os olhos, estava sentada de pernas cruzadas, com um copo de água na mão e as bolinhas de chumbinho na outra, e já era dia! Dormi a noite toda sentada!

Só que eu só dormia — quando dormia — com altíssimas doses de remédio. Então, não pensei duas vezes. Era domingo, quando liguei para o meu médico e ordenei: — "Preciso que me interne agora, porque senão eu vou conseguir da próxima vez!". E ele prontamente concordou. Fui internada, então, em uma clínica psiquiátrica. Foi uma época "punk" de minha vida!

Fomos minha mãe, meu pai, meu irmão e eu para a clínica; só não queria, naquele momento, ver meu marido.

Claro! Eu o culpava por tudo — alguém tinha que ser culpado — e foi ele, coitado, quem considerei o responsável pela situação!

Como tinha plano de saúde, fiquei em um lugar particular, VIP, onde até a entrada era separada. A porta, no entanto, não abria de jeito nenhum. Depois de várias tentativas, por fim, decidiram que eu passaria pela outra ala para chegar até a minha — que era bem separada da outra, da ala das enfermarias.

Então lá fomos nós passar no meio das enfermarias de um hospital psiquiátrico. Eu não lembro de muita coisa, só do meu irmão fazendo sinal para a minha mãe de que eu não ficaria naquele lugar. Mas aí chegamos à minha ala — a dos loucos com plano de saúde — e o esquema era outro. Havia duas enfermarias com quatro camas cada e minha mãe quase surtou com a possibilidade da sua filhinha ficar ali, mas o meu plano não dava direito a quarto particular com acompanhante.

Louca VIP — VIP de Vizinha de Intensa Periculosidade. Enfim, cheguei aos meus aposentos e minha mãe decidiu me acompanhar durante a internação — essa foi a condição que ela impôs ao médico: para me internar, só se ela fosse junto!

Passou um dia e, no segundo ou terceiro — não lembro bem —, meu médico veio me ver. Como eu sabia que ele viria, já havia arrumado a minha mala para ir embora para a casa — pois era isso que eu queria, é claro.

Ele chegou para conversar comigo, e eu fui logo falando que estava bem e que queria ir para casa. Meu médico então soltou a bomba: — "Ir para a casa? Claro que não! Você está sob os meus cuidados. Eu que digo quando você vai sair daqui!". Quase morri do coração e pensei que fosse ter um troço. Eu não queria ficar ali.

A escada que conectava as enfermarias ao pátio — onde os internos passavam a maior parte do tempo — ficava colada ao meu quarto. Eu ouvia tudo e subia na cama para ver o que acontecia no lado de fora através de um basculante. Era surreal! As pessoas batiam a cabeça na parede o dia todo e eu não conseguia ficar indiferente à dor delas.

Eu só queria ir para a casa! Eu estava drenada — pois participava energeticamente de tudo o que acontecia naquele lugar —, mas meu médico decidiu me deixar internada por doze dias. Entrei em pânico, mas não havia saída — ou melhor, havia, mas estava trancada.

Passei todos esses dias em meu quarto, ao lado de minha mãe e fiel escudeira, mas podia também andar pelo corredor ou ficar em uma varanda. O corredor dava para as duas enfermarias ocupadas por outros pacientes e, entre eles, lembro-me de alguns: um psicólogo de Cabo Frio; uma senhora depressiva até o "último fio de cabelo", que ficava o tempo todo falando do padre Marcelo Rossi; uma jovem que deveria ter a minha idade (eu tinha 29 anos) e estava sempre dopada; e um jovem lindo e esquizofrênico (ele odiava os pais e toda a família), o Paulo, que "cismou" comigo.

Ele batia à minha porta o dia todo, queria conversar e que eu ouvisse música em seu discman ao seu lado. Paulo tinha o mesmo gosto musical que eu, estava sempre ouvindo U2, e, para completar, ainda "caí na besteira" de lhe falar que adorava a banda.

Foi uma saga. Um dia acordei e não vi o Paulo no corredor. Fui então tomar café no refeitório e não o encontrava. Eu tinha direito de receber as minhas refeições no quarto, mas fazia questão de comer com o pessoal da minha ala e era bem legal. Às vezes, eu não conseguia comer e pedia para levarem a comida ao meu quarto, pois me partia o coração ver muitos pacientes não acertarem o garfo na boca de tão dopados. Eu não estava, nem de longe, daquele jeito, porque tinha um excelente médico me acompanhando e me tratando e não alguém me sedando.

Enfim, perguntei a uma enfermeira muito legal — que ficava sempre no corredor atrás de um balcão — onde estava o Paulo e ela me disse, então, que ele estava amarrado à cama. É, amarrado à cama! E sabe por quê? Para não me incomodar mais a pedido do médico que o acompanhava!

Eu quase morri. Entrei em parafuso mesmo e fui lá falar com o Paulo. O coitado estava amarrado e sedado. Diante da cena, chorei tanto que me deram um remédio para me acalmar.

Solicitei à enfermeira que pedisse ao médico para desamarrar o Paulo e me comprometi a conversar com ele e pedir que não me incomodasse mais. Disse-lhe também que ver Paulo amarrado me fazia muito mais mal do que o cansaço que ele me causava, quando me pedia para consertar o seu discman — porque era essa a desculpa que o rapaz usava: — "Gabi, esse troço pifou de novo! Conserta pra mim?".

Mas não tinha como falar com o Paulo, pois ele estava muito sedado naquele dia. Depois de um tempo, a enfermeira entrou em meu quarto e avisou que haviam soltado, finalmente, o rapaz. Graças a Deus! Conversei com ele e Paulo entendeu tudo. Ficamos amigos e combinamos que, se ele quisesse falar comigo, desse uma tossida na frente do meu quarto. Se eu não atendesse, ele deveria ir embora. Mas, por ordem do meu médico, não mantivemos mais contato.

Saí da clínica quase às vésperas do Natal e não lembro muito bem daquele fim de ano. Estava muito anestesiada depois daquilo tudo.

Então 2005 chegou sem que eu percebesse. A impressão que tinha era de que os remédios só pioravam o meu estado e o único efeito visível eram os vinte quilos que eu havia ganho — passei de 58 para 75 quilos! Os remédios provocavam em mim uma compulsão louca por doce e muita retenção de líquido — minha autoestima estava no pé! Todos falavam que eu estava ótima, que eu era muito magrinha! Conversa fiada! Eu me sentia um monstro, nada cabia em mim, nem eu mesma.

Aí tive uma fase piromaníaca. Cismei com um terreno baldio ao lado da minha casa e queria porque queria colocar fogo nele. Queria ver aquele mato em chamas. Foram dias, semanas, meses tentando atear fogo no tal mato. Eu jogava um pano molhado de álcool e arremessava fósforos para pegar fogo! Ou ateava fogo em um pedaço de papel e jogava no pano com álcool, gasolina, querosene, fluído, água raz, o que tivesse em casa que fosse inflamável. Maluca e burra!

Em maio desse mesmo ano, eu declarei que não aguentava mais viver. Deus iria entender. Remédio não funcionava, terapia não chegava a lugar algum e eu me sentia gorda e louca, louca, louca.

Era uma terça-feira, se não me engano. Nessa tarde, resolvi mais uma vez que queria morrer. Acho que não passei um dia sequer sem pensar nisso: morrer. Como nenhum remédio que eu tomava dava resultados, tinha no meu banheiro uma quantidade gigantesca de remédios "tarja preta", muitas caixas até fechadas, umas trinta cartelas ou mais. Elas foram se acumulando desde o início do meu tratamento. Peguei uma quantidade de medicamentos que daria para matar umas dez de mim e eu me lembro, como se fosse hoje, que tomei junto dois comprimidos de paracetamol para não sentir dor.

Peguei a minha inseparável imagem de Nossa Senhora de Fátima e o meu terço e pedi a ela e a Deus que me perdoassem, pois só eles sabiam como aquilo tudo estava sendo insuportável para mim. Fiquei ali esperando os remédios fazerem efeito, achando que iria apagar e não acordaria mais. Perfeito!

Passou uma, duas, três horas e nada. Então lembrei-me de um amigo médico com quem eu não tinha contato havia muito tempo. Liguei para o número que tinha e, incrivelmente, ele atendeu — o que é muito raro.

Contei-lhe (inventei) que uma amiga havia me ligado e dito que tinha tomado muitos remédios. Informei-lhe mais ou menos a quantidade de medicamentos que ela havia ingerido e falei que já havia passado umas quatro horas desde a ingestão dos remédios e que, até então, ela não estava sentindo nada.

Ele foi categórico: — "Gabi, relaxe, é claro que ela mentiu para você. É impossível alguém tomar essa quantidade de medicamentos e não entrar em coma ou morrer. Ela quer chamar a atenção. Fique tranquila, ou, se achar melhor, leve-a ao hospital para fazer uma lavagem gástrica". Agradeci e pensei aliviada: é só uma questão de tempo! Vou morrer!

Passaram-se mais algumas horas e nada. Lembro-me de ter escrito, durante toda a tarde, bilhetinhos em um bloco de *post it* (aqueles adesivos coloridos para recados) em que dizia: "Minhas roupas eu quero que sejam divididas entre Geysa e Mariana (minhas primas); minhas joias ficam para a minha mãe; aquela escultura "assim-assim" vai para a minha Tia Adir". Havia dezenas de bilhetinhos: eu ia lembrando de coisas e escrevendo. Recordo-me também de ter pedido que não contassem para o Gabriel — meu afilhado — que eu tinha cometido suicídio, pois não seria um bom exemplo para uma madrinha dar!

Meu marido chegou à noite e, vendo a cama cheia de bilhetes, perguntou-me do que se tratavam. Eu então desconversei e o tirei do quarto para que não pudesse ler o que eu havia escrito. Tomei os remédios da noite e fui dormir pensando: "Não vou acordar, vou ter um troço dormindo, claro".

Acordei no dia seguinte e a primeira coisa que veio à minha cabeça foi: "Nem a morte me quer!".

Assim que meu marido saiu para trabalhar, tomei TODOS os remédios que ainda restavam no armário do banheiro.

Pensei: "Agora é overdose, impossível de escapar". E nada! Nem uma sonolência sequer, NADA!

No dia seguinte, liguei para o doutor João — meu neurologista — e contei-lhe tudo. O médico ficou preocupadíssimo e pediu (exigiu) que eu fosse para o seu consultório naquele exato momento, que meu marido me levasse, pois ele estaria me esperando. Eu saí de casa, peguei um ônibus e fui encontrá-lo.

Detalhe: eu morava em Itaboraí e o hospital era em Niterói. Levei quase uma hora para chegar até lá. Assim que cheguei, já havia uma equipe me esperando para realizarem alguns procedimentos e exames.

Quando tudo acabou, o médico entrou na sala com os olhos cheios de lágrimas e pronunciou as seguintes palavras (e tive, então, a certeza de que ele era espírita): — "Gabriela, eu sei que você fez tudo o que me contou, porque estão falando aqui no meu ouvido, mas não encontrei nada nos seus exames. Não posso nem sonhar em dividir com os meus colegas médicos o que vou lhe dizer agora, mas posso lhe dar uma explicação: você é um milagre de duas pernas. Vá para casa e nunca mais tente isso de novo. Você tem muita coisa para fazer aqui".

Voltei, então, para casa imersa em um misto de frustração e espanto. Naquele fim de semana, meu marido me levou em uma viagenzinha para eu espairecer, mas foi horrível. Eu estava cada vez pior e assim continuei a viver a minha vida, piorando cada vez mais.

Em julho de 2005, aconteceria em Canção Nova (um grande centro católico ligado ao Movimento de Renovação Carismática, localizado no interior de São Paulo) um congresso da Renovação Carismática e todos os "bambambãs" estariam lá. Resolvi ir depois de um aniversário horroroso!

60

Fui até lá com um grupo de pessoas da paróquia que eu frequentava (até a minha tia Adir foi para me fazer companhia). Era um megacongresso e a Canção Nova estava lotada. Seriam quatro dias de palestras e haveria vários stands de comunidades católicas.

No segundo ou terceiro dia, eu não quis assistir a uma palestra e fui visitar alguns stands. No da Comunidade Boanerges, havia uma fila de pessoas para receber oração de uma freirinha ou de uma jovem. Entrei então na fila, rezando para cair nas mãos da freira — na minha crença, é claro que a oração da freira seria mais forte do que a da moça!

Fui atendida pela moça e, quando ela colocou a mão na minha cabeça, tudo ficou muito quente. Então a moça me disse, entre outras coisas, que eu tinha vindo ao mundo para viver de oração, para ser missionária e por isso Deus havia me salvado.

Como assim? Eu não tinha dito nada a ela e muito menos queria ser missionária. Saí de lá zonza com tanta informação, sentei no gramado para digerir o que tinha ouvido e fiquei imaginando como seria ser missionária, já que era casada, tinha minha profissão e tudo o mais!

Encontrei minha tia e, para desanuviar, fomos assistir ao finalzinho da palestra — era uma palestra da Geralda e, no final, o Ironi Spuldaro entrou para fazer uma oração.

Spuldaro é uma pessoa do tipo que lota Maracanãzinho, uma verdadeira "fera" em matéria de cura e libertação. O Rincão da Canção Nova — local onde estava ocorrendo a palestra — comporta até 10 mil pessoas e nesse dia o espaço estava lotado.

Em suas palestras, Spuldaro começa a orar; conta os milagres que estão acontecendo; cita os nomes das pessoas (relacionadas a tais milagres) e pede que elas se levantem. É surreal!

Naquele dia, depois de um tempo, ele disse: — "Tem uma pessoa aqui que tentou suicídio várias vezes e nada aconteceu". Aí pensei: "Devem ter dezenas de pessoas aqui que também fizeram isso!".

Mas ele continuou: — "É uma mulher e ela está deste lado da arquibancada" (o meu lado). Comecei então a ficar gelada com a possibilidade de que "essa mulher" fosse eu!

E ele continuou: — "Ela está com a camisa da medalha milagrosa; levante!".

E eu, nada!

Ele continuou: — "Você está de rabo de cavalo, Gabriela! Levante e venha aqui em cima no palco!".

Eu quase morri! Minha tia, coitada, quase desmaiou literalmente!

Desci as escadas da arquibancada tremendo e em prantos, enquanto todas as pessoas me olhavam, batiam palmas e choravam — e uma câmera me filmava.

Quando cheguei à parte inferior do palco, fiz sinal para Spuldaro de que não subiria e ele então falou: — "Deus não permitiu que você ficasse com sequela alguma, para provar que Ele, quando faz a obra, não a faz pela metade. Nada lhe aconteceu, nem um mal-estar. Ele fez isso para que você pudesse testemunhar, aos quatro cantos do mundo, sobre o Seu poder. Você tem muitas coisas para fazer em Seu nome, em nome de Deus!".

Todos que eu conhecia, inclusive a minha mãe, estavam vendo tudo ao vivo pela televisão, pois a Canção Nova possui uma rede de TV aberta, que é transmitida por antenas parabólicas.

Quando voltei para casa, joguei TODOS os meus remédios no lixo e disse: — "Se estou curada, não vou desmamar medicamento algum. Não tomo mais e pronto!". Desde então, nunca mais tomei remédios e não tive mais depressão!

A última coisa a ser definitivamente curada em mim foi — anos depois — uma insônia que se instalara desde o final da depressão. Essa insônia foi curada em apenas uma sessão de Constelação Familiar com Bernd Isert, na época em que fazia a minha formação no Metaforum, em 2010.

Voltei para casa curada e em setembro me separei. Voltei para a casa da minha mãe e decidi: — "Vou dar aula de Yoga, empresas nunca mais!".

Lembro-me bem do meu irmão perguntar: — "Gabi, você quer mesmo dar aula de Yoga? Para a vida toda? Até ficar velhinha?". E eu disse: — "Sim! Vou trabalhar com Yoga e com terapias". Matriculei-me, então, no curso de formação de instrutores de Yoga Integral pela ANYI e consegui um emprego no Espaço Saúde em meados de 2007.

No primeiro trabalho que a terapeuta carioca Silvia Rocha realizou em volta de uma fogueira e do qual eu participei, tive a certeza de que havia encontrado o meu verdadeiro caminho.

Tive experiências fantásticas com Ayahuasca — uma planta de poder (um enteógeno) originária da região amazônica da América do Sul, cuja utilização religiosa e medicinal remonta aos incas. Esse trabalho com a planta foi essencial para a minha abertura como canalizadora. Pude ver então qual era realmente o meu caminho.

Fiquei em contato com os índios huni kuin (kaxinawá para os brancos) por um ano e meio e recebi do pajé Fabiano o nome de *Tamany*. Foram lindos os trabalhos com essa etnia. Devo muito a Sílvia Rocha e ao pajé Fabiano pelo portal que eles me proporcionaram. *Hauss*!

Fui instrutora de Yoga no Espaço Saúde e, por algum tempo, trabalhei na recepção e na coordenação da empresa como funcionária. O Ernani é um dos sócios do Espaço e, até então, tínhamos apenas uma relação de patrão/funcionária.

Em setembro de 2008, Ernani me ofereceu uma sessão de Alinhamento Energético (nessa época ele estava começando a trabalhar sozinho) e eu topei experimentar.

Já na fase da explicação do trabalho, eu ia ouvindo o que ele me dizia e a todo momento eu pensava: — "Mas eu fazia isso na igreja!". Que maluquice! Ele falava de Física Quântica e Xamanismo, mas era a mesma coisa! A técnica era maravilhosa, surpreendente e provocou um superefeito em mim (tanto que depois até nos casamos!).

Quando começamos a namorar, Ernani estava com umas questões internas sérias, então um dia ele me levou a uma sala de atendimentos e me pediu para fazer um Alinhamento. Fiquei meio impactada, comecei a rir, argumentei que não sabia fazer e que só tinha visto o trabalho uma vez (o atendimento que ele havia feito em mim). Resisti muito ao seu pedido de início, mas Ernani estava tão aflito e insistiu tanto que eu fizesse o Alinhamento, que não pude recusar aquela solicitação.

Fechei os olhos e fiz todo o trabalho — inclusive com coisas que eu nem sabia que existiam no Alinhamento Energético, como, por exemplo, captar o conteúdo de outra pessoa no campo.

Nós nos casamos e depois daquele dia nunca mais deixei esse trabalho. Sou a pessoa mais feliz do mundo com a terapia de Alinhamento Energético, que é a minha missão no mundo e o meu grande prazer!

Escrevi este texto meio de "supetão" e coloquei tudo para fora sem constrangimentos e sem reler o que havia escrito. Achei melhor assim.

Escrever este texto também foi uma grandiosa sessão de Alinhamento Energético para mim.

Gratidão a Deus, gratidão ao Universo!
AHO! HAUSS! AMÉM!
Gabriela Carvalho

"Eu me deitei e dormi. Acordei porque
o Senhor me sustentou" (Salmo 3,5)

III. O QUE É ALINHAMENTO ENERGÉTICO

A) A MEDIUNIDADE COMO TERAPIA

A natureza dotou o ser humano de seis sentidos, para que ele pudesse ter ferramentas eficientes para caminhar e crescer na vida rumo ao seu objetivo maior (a experiência da Unidade essencial): os cinco sentidos que aprendemos na escola (audição, tato, paladar, visão e olfato), que, juntamente com a mente racional, são excelentes ferramentas para lidarmos com o mundo material tridimensional e um sexto sentido — também chamado de intuição, mediunidade, paranormalidade, sensitividade, percepção extrassensorial, canalização —, que a nossa cultura (em função da religião e da ciência dominantes) ignorou.

A perspectiva milenar, compartilhada pela maior parte das antigas culturas e civilizações (como, por exemplo, os orientais, os africanos e os povos nativos das Américas) — e agora amplamente corroborada pela Física Quântica e pelas linhas transpessoais da Psicologia —, é de que o Universo, a Criação, é um fenômeno multidimensional, holográfico e sistêmico e a função do sexto sentido é possibilitar-nos o acesso consciente a esta teia multidimensional que é a Vida, para que possamos expandir e aprofundar com mais eficiência o nosso movimento evolutivo.

Da mesma forma que cada um dos cinco sentidos físicos pode experimentar uma gama bastante ampla de sensações, percepções e funções, com o sexto sentido dá-se o mesmo. Por isso alguns xamãs treinam para permanecerem conscientes nos sonhos e pessoas treinam para saírem conscientemente do corpo, para acessarem vidas passadas, os registros do inconsciente coletivo e a dimensão dos desencarnados, dos elementais, dos extraterrestres etc.

Em nossa cultura cristã ocidental, Allan Kardec, na França do século 19, foi o pioneiro na sistematização do uso do sexto sentido (que ele chamou de mediunidade), para estabelecer um canal de comunicação entre o mundo dos espíritos encarnados e o dos desencarnados. Ele chamou essa eficiente filosofia/tecnologia de Espiritismo.

Praticamente na mesma época, na Áustria, Sigmund Freud teve o grande *insight* de mergulhar no que ele chamou de inconsciente, para entender e ajudar o homem a desvendar e resolver a questão do sofrimento. Mas o grande doutor (que não era xamã, nem oriental) só dispunha, segundo sua cultura e seus conhecimentos, dos cinco sentidos físicos, da mente racional e da linguagem verbal, que efetivamente não são as ferramentas mais adequadas para se operar em níveis internos — que não são tridimensionais, nem temporais.

Por isso, na Psicoterapia em geral — e na Psicanálise em especial — os processos terapêuticos podem demorar. E isto não é uma crítica — já que na maior parte das vezes essa "demora" é realmente necessária, pois, através do desdobramento do verbal (da linguagem) e do racional (do pensamento), o terapeuta vai facilitando habilmente ao cliente a desconstrução gradativa da intrincada rede de resistências, controles e defesas que ele constrói ao longo de sua vida para não acessar as suas dores, até que sejam atingidos os conteúdos e seus núcleos e aí se efetuem sua catarse e ressignificação.

Esse processo tem que ser lento. Não é aconselhável detonar levianamente as defesas das pessoas, pois muitas vezes são elas que ainda as mantêm vivas.

Com a chegada dos escravos ao Brasil, ocorreu a introdução das religiões e dos cultos africanos — que são chamados genericamente de Candomblé — e que, ao contrário do Espiritismo e da Umbanda, não focam prioritariamente a utilização do sexto sentido para trabalhar com os espíritos dos desencarnados (eguns) e sim para incorporar e manifestar as forças da Natureza — as energias arquetípicas conhecidas como orixás — e compartilhar do seu Axé (sua energia e luz).

Por outro lado, tivemos o surgimento da Umbanda — numa integração dos cultos africanos com o Catolicismo, o Espiritismo kardecista e as culturas indígena e oriental —, que também utiliza a mediunidade como uma ponte entre as dimensões dos vivos e dos mortos.

E assim essas três vertentes — Kardecismo, Candomblé e Umbanda — vêm desenvolvendo competentemente seus trabalhos de doutrinação, de cura e de desobsessão.

Kardec percebeu que, na dimensão sensitiva do ser humano, havia a mediunidade propriamente dita — isto é, o canal capaz de interagir diretamente com o mundo desencarnado - e o que ele chamou de medianimismo ou medianimidade, ou seja, a capacidade de acessar mediunicamente a memória anímica inconsciente: registros, traumas, padrões pessoais e ancestrais, sistemas de crenças, impressões de vidas passadas etc. Mas, até então, essa medianimidade só considerava a captação mediúnica dos conteúdos psicoemocionais do próprio médium.

Mais tarde, o doutor Alexandre Aksakof, grande pesquisador do Espiritismo, deu ao termo animismo um significado mais parapsicológico. Animismo seria a manifestação mediúnica de efeitos externos, como, por exemplo, a telepatia e a telecinese.

Então poderíamos dizer que o medianimismo se encaixa nessa conceituação de Aksakof, mas não apenas como a capacidade de acessar mediunicamente seu próprio inconsciente, como também de acessar o inconsciente de outra pessoa e processar o material psicoemocional.

Até pouco tempo, o animismo — isto é, a presença do material psíquico do médium no ato mediúnico — era evitado no universo kardecista e umbandista assim como o "diabo foge da cruz", embora Kardec tenha, desde sempre, reconhecido a importância da atividade anímica no exercício mediúnico como a parte do médium que o mantém consciente, exercendo a função de mediar a comunicação entre a dimensão dos vivos e a dos desencarnados.

Em certo momento, começaram a aparecer terapias que utilizavam, como ferramenta terapêutica, a mediunidade anímica — pois já se sabia que esse tipo de mediunidade facilita não só o acesso do sensitivo ao seu próprio inconsciente, como também ao material inconsciente de outra pessoa.

Essas terapias, curiosamente, vêm direta ou indiretamente do mundo nativo (xamânico), pois os pajés, xamãs e curandeiros desses povos sabiam que as doenças e o sofrimento provinham do mundo interno da pessoa.

Um exemplo disso é o Psicotranse, terapia desenvolvida pelo psiquiatra baiano Eliezer C. Mendes. Ele deu início a esse trabalho levando filhas de santo do Candomblé para os sanatórios psiquiátricos, com o objetivo de fazer limpezas energéticas nos pacientes e captando o que ele chamou de "subpersonalidades" (corpos energéticos), e acabou também criando sanatórios onde não se usava medicação psiquiátrica (apenas psicoterapia e Psicotranse) e onde os doentes, à medida que eram curados, se transformavam em terapeutas sensitivos. Outro exemplo são as Constelações Familiares, que certamente têm um "pé" na África — onde Hellinger foi missionário.

No assunto em questão aqui — a terapia do Alinhamento Energético —, chamamos essa medianimidade de canalização. Preferimos chamá-la de canalização e não de medianimismo, para que o trabalho não pareça estar relacionado com doutrinas espíritas.

No Psicotranse, o medianimismo é chamado de transidentificação.

Aqui, o objetivo não é utilizar a ferramenta da mediunidade para incorporar espíritos desencarnados ou orixás. No Alinhamento Energético, o canalizador incorpora emoções, traumas, sistemas de padrões, crenças dolorosas e autolimitantes e energias desequilibradas, provenientes de vidas passadas ou das gerações antepassadas do cliente.

Esse tipo de canalização tem a capacidade de abrir uma via direta de acesso ao nível inconsciente, de "desinstalar" do sistema psicoemocional as programações em desequilíbrio (chamadas, neste trabalho, de "corpos energéticos" e de *samskaras* e *vasanas* no Yoga) e, depois, de "reinstalar" essas programações devidamente reequilibradas e harmonizadas (chamadas aqui de Corpo em Luz).

Da mesma forma que, em um centro espírita de cura, o médium incorpora um médico desencarnado e faz uma cirurgia espiritual no órgão de uma pessoa que está doente, na terapia do Alinhamento Energético o canalizador incorpora e manifesta os conteúdos psicoemocionais que estão em desequilíbrio no cliente, promovendo uma verdadeira cirurgia energética no inconsciente.

Ou ainda, dentro do mesmo exemplo, assim como em uma mesa de desobsessão kardecista um médium incorpora um obsessor — que está instalado em um encarnado — e um doutrinador o convence a ir a um hospital ou a uma escola no astral para melhorar, desinstalando, dessa forma, o obsessor desencarnado da pessoa encarnada, no Alinhamento Energético um canalizador capta um corpo energético — desinstalando este material do cliente — e o dirigente convence este conteúdo a ser encaminhado para a Dimensão de Luz, para transmutar, por fim, sua qualidade energética e emocional.

Preferimos chamar o terapeuta de Alinhamento Energético de canalizador e não de médium, não só para diferenciar a utilização que damos ao sexto sentido — o de incorporar mediunicamente a energia psicoemocional — das linhas que trabalham a incorporação de desencarnados, mas também porque mediunizar desencarnados e canalizar emoções são funções que acontecem em áreas diferentes do cérebro e da estrutura energética dos chakras.

Foi esta a percepção que Aloysio teve ao observar os trabalhos de cura dos pajés nas diversas tribos com as quais interagiu — no norte e no sul do Brasil —, durante quinze anos: a utilização do sexto sentido, da mediunidade, não só para interagir com desencarnados e com as energias da natureza, mas também para limpar o inconsciente e transmutar os desequilíbrios da energia psicoemocional, que causam as doenças físicas, psicoemocionais e sociais.

A partir de suas observações, de seus estudos e do "convite" de uma Egrégora, que se denominou Ministério de Cristo e que se ofereceu para dar suporte espiritual e energético ao que seria uma readaptação da tecnologia dos pajés para o mundo do homem branco, Aloysio desenvolveu a terapia do Alinhamento Energético.

Sexto sentido, portanto, não é um dom, um privilégio ou uma capacidade inerente a pessoas especiais. Também não é um poder sobrenatural (como são os *siddhis* do Yoga). Ao contrário, é um sentido absolutamente natural, que está mais ou menos adormecido em nós e em nossa cultura (diferente do que ocorre nas culturas orientais, africanas e nativas das Américas) e que pode ser resgatado para otimizar a eficiência do crescimento evolutivo pessoal e da humanidade.

A forma de utilização do sexto sentido — a canalização — como ferramenta altamente eficiente para acessar a dimensão psicoemocional e energética do ser humano de maneira rápida não é, obviamente, uma exclusividade da terapia do Alinhamento Energético. Ela tem — especialmente nos últimos vinte anos — surgido em todo o mundo, implícita ou explicitamente, no formato de diversas terapias — como as Constelações Familiares, a Theta Healing, as Frequências de Brilho, o Resgate de Alma etc. — como mais um movimento inteligente da Gaya, para acelerar o processo evolutivo do ser humano nesses tempos tão decisivos para a humanidade.

Tal terapia não pretende ser melhor do que as outras, nem substituir nenhuma técnica terapêutica existente, mas sim ajudar a criar ainda mais sinergia, podendo ser integrada a qualquer outro tipo de terapia ou trabalho espiritual.

Atualmente, existem terapeutas formadas que integram Alinhamento Energético com Psicologia, homeopatia, Reiki, Constelações Familiares, trabalho espírita e umbandista, nutrição, Feng Shui, Xamanismo norte-americano etc.

Foi muito gratificante ministrar, anos atrás, o curso de formação de terapeutas aos membros de um centro de umbanda no Rio de Janeiro. Foi lindo ver aqueles médiuns de incorporação de espíritos canalizando corpos energéticos, medianimizando!

É bom saber que hoje esse centro, além de oferecer trabalho mediúnico de Umbanda — encaminhando obsessores, dando consultas, fazendo caridade —, também oferece o Alinhamento Energético. Eles agora sabem que é necessário limpar a periferia, mas que é importante também acessar as raízes dos registros e memórias que fazem com que os obsessores, por exemplo, sejam atraídos por ressonância.

73

B) UM MERGULHO CONSCIENTE NO INCONSCIENTE

A cultura oriental diz, há milênios, que todos nós somos criados perfeitos, completos, plenos, que nós somos todos Um e que somos, aqui e agora, eternamente Deus.

Então poderíamos dizer que o ser humano é esse Deus (ou Eu Superior, Presença Divina ou Self — como diria Jung) "envolvido" por uma personalidade. Essa personalidade — que é o que, nesse momento, nos impede de experienciar conscientemente que nós somos Um — é, por sua vez, constituída por uma quantidade incontável de registros psicoemocionais, oriundos de todas as nossas experiências passadas não resolvidas e não integradas, que criam sofrimento e limitação.

E tudo isso é devidamente gerenciado em nós, seres humanos que somos, pelo trio "cinco sentidos/mente racional/ego" — que tem a função de fomentar e manter o estado de maya, isto é, o estado de ilusão de separatividade, de falta de integração.

Considerando que a maior parte do que somos acontece em uma dimensão que Freud chamou de inconsciente, o que efetivamente acessamos como resultado da grande alquimia que ocorre nessa dimensão do inconsciente é a mente racional, intelectual, os pensamentos (que os hindus chamam de *vrittis*), ou seja, o produto final manipulado, resistido e controlado. Esse "produto final", por sua vez, é excelente para a obtenção de cultura, conhecimento e informações; excelente para lidar com o mundo material objetivo, com as relações e com o trabalho; mas não é confiável para o autoconhecimento, para a sabedoria, para o mergulho nas profundezas onde se enraízam nossas mazelas — e onde essa mente racional consciente não acessa (e que é o que nos impede de viver a verdadeira unidade e completude) — e para o mergulho subsequente na Unidade.

O conjunto de informações e registros experienciais, que compõe a personalidade — e que os hindus chamam de *samskaras*, impressões —, vai determinar a nossa autoimagem ("quem eu acredito que sou"), as nossas personas ("quem eu quero e/ou preciso que acreditem que eu sou"), os *vasanas* (tendências, padrões, hábitos e sistemas de crenças) e os *vrittis* (os pensamentos e a atividade racional da mente).

Podemos dizer, sem dúvidas, que aquilo que acessamos de nós mesmos — a mente consciente, racional — é uma pequeníssima parte do que realmente somos e que se ocupa, a maior parte do tempo, com a administração do passado e do futuro.

Assim, podemos ver que boa parte da nossa dimensão racional e emocional dispende um enorme tempo e energia mantendo-se angustiada e/ou deprimida em função de um passado que, efetivamente, não pode mais voltar, e, portanto, não podemos mudar. Podemos, no entanto, mudar a forma como lidamos com isso.

Outra considerável parte de nossa atividade interna é gasta em temores e ansiedades (preocupações) com um futuro que, além de não podermos controlar, não sabemos se (e como) virá — e se ele acontecerá como queremos e/ou precisamos em função especialmente do passado que não podemos mudar.

Então, quanto de nós sobra para viver conscientemente o presente, que é onde a vida realmente acontece?

A personalidade é, portanto, uma estrutura virtual que "hospeda" todas as nossas experiências. Essas experiências, por sua vez, têm uma dimensão emocional (um "sentir") e um "roteiro" — a história em torno da emoção, isto é, a nossa versão, o nosso ponto de vista sobre o que aconteceu e que nos fez sofrer.

E aí ficamos presos em uma trama virtual, construída por pontos de vista muitas vezes incorretos sobre o que aconteceu. Afinal, as questões mais contundentes acontecem na infância, numa fase da vida em que não temos a menor condição de avaliar o contexto dos acontecimentos. E os pontos de vista equivocados retroalimentam um padrão limitante de sofrimento. Ficamos presos, então, a uma suposição do que aconteceu e nos fez sofrer.

Na vida humana, sentir é muito mais preponderante do que pensar. Para pensar é preciso nascer e aprender a falar. Mas quanto ao sentir, quando se inicia o desenvolvimento do sistema nervoso central na gestação, já começamos a agregar registros emocionais (isso sem falar do que já trazíamos na bagagem de outras vidas e/ou da ancestralidade).

Por isso, muitas vezes reconhecemos racionalmente em nós determinados padrões e, mesmo assim, não conseguimos mudá-los. É que a informação emocional — que gera crenças ou padrões — encontra-se enraizada profundamente em nosso inconsciente.

Freud chamou de recalque o "esquecimento" de coisas muito sofridas que vivemos no passado, especialmente na infância. Quando passamos por alguma situação impactante, levantamos a tampa do porão, guardamos o acontecido ali, fechamos a tampa e sentamos em cima, num movimento do inconsciente de nos proteger do sofrimento, levando a questão para o "esquecimento".

Só que nada fica esquecido. O conteúdo apenas se desloca para um nível inconsciente, mas continua vivo e, em algum momento, vai se precipitar no plano físico na forma de um padrão de comportamento, um desequilíbrio, couraças musculares ou de uma doença qualquer (a chamada somatização). Reich estudou isso e descobriu exatamente para onde vai o que é recalcado: para o caráter e para o corpo.

Hoje, sabemos (quem viu Quem somos nós?) que o cérebro não reconhece a diferença entre o presente e o passado. Ele opera com os dois da mesma forma. Portanto os traumas existem porque os registros são constantemente atualizados.

O cérebro é uma máquina perfeita, mas é uma máquina de repetição. É um verdadeiro hardware, que vai estruturando redes de neurônios e que, juntamente a química dos neurotransmissores, vai dar suporte e atualização constante aos nossos registros passados, mantendo-os sempre atuais até que sejam conscientizados, aceitos, compreendidos, transformados e integrados.

Mas como o Universo é maravilhoso e trabalha para o seu equilíbrio, se por um lado uma parte de nós funciona como repetidora de nossas crenças e padrões — com a intenção de não deixar que o que nos aconteceu e nos fez sofrer aconteça de novo —, outra parte de nós trabalha para nos libertar.

A parte de nós que trabalha no sentido de nos curar utiliza, como um dos principais procedimentos, as recorrências, isto é, a repetição daquilo com que não queremos entrar em contato, que não queremos mudar.

E o melhor é que nosso próprio Eu Superior (Self), que é a mesma inteligência imanente em toda a Criação, atrai para a nossa vida exatamente as experiências, testes, provas, obstáculos e exercícios de que necessitamos. Nós atraímos tudo o que é necessário para o nosso crescimento. Não é preciso que tenha um Deus externo a nós arbitrando castigos e recompensas. Deus está dentro de nós, trabalhando pela nossa individuação, como dizia Jung.

Mas, como também diziam Jesus e Kardec, isso pode acontecer pela dor ou pelo amor. Ou entramos na consciência, na aceitação e na ressignificação da nossa sombra e tentamos melhorar ou continuamos a atrair recorrências de todos os tipos.

Essas recorrências podem ser de situações específicas (traições ou perdas, por exemplo), de acidentes, de doenças, de interferência espiritual (energias intrusas), questões com conteúdos que vêm de vidas passadas, questões profissionais, questões com padrões de relacionamentos que se repetem, ou seja, uma série de procedimentos que o Eu Superior utiliza para piorar a sua vida, já que você não "se toca" e não muda. Porque quando algo nos causa dor, tendemos a prestar-lhe mais atenção.

Muito conhecimento foi gerado ao longo de toda a história da humanidade, no sentido de auxiliar o homem na limpeza e no reequilíbrio da sua personalidade e no consequente reconhecimento de sua natureza original, a Unidade. Centenas (ou milhares) de técnicas, métodos e terapias vêm sendo desenvolvidas ao longo dos milênios, no sentido de abrir um acesso consciente a outras dimensões (dimensões do inconsciente, dos sonhos, do mundo dos mortos, das vidas passadas, dos elementais, dos extraterrestres e de outros tantos seres), para que o homem possa otimizar o processo de ressignificação dos conteúdos, crenças e padrões oriundos do passado — que produzem sofrimento e limitação e que se localizam em uma dimensão de nós, que não acessamos no plano consciente.

Dentro desse universo terapêutico, o Xamanismo aparece como — entre muitas outras coisas — uma importante contribuição na aceleração do processo de limpeza e reequilíbrio dessa parte de nós — de onde emerge tudo aquilo que somos na vida humana: o nosso inconsciente.

E o sexto sentido (também chamado de sensitividade, mediunidade, percepção extrassensorial, paranormalidade) — através da técnica da canalização (outra forma de mediunização) — pode ser visto como uma ferramenta altamente eficiente, que possibilita ao indivíduo o acesso à dimensão do inconsciente para reformatar, na personalidade, os registros que produzem crenças e padrões dolorosos e autolimitantes.

Se considerarmos que somos essencialmente o Self (o Eu Superior, a Presença Divina, o Eu Sou) e que ele é o Uno, é Deus, então emoções como medo, raiva, ansiedade e tristeza não pertencem ao Self — pertencem a essa estrutura virtual e dual chamada de personalidade/caráter. O Self "é".

78

A personalidade/caráter "está". O Self é absoluto, eterno. A personalidade/caráter é relativa, impermanente.

Tudo aquilo que se "enraizou" em nosso inconsciente como registros e memórias — de medo, raiva, tristeza, baixa autoestima, menos-valia, ansiedade, por exemplo —, em função de experiências passadas, pode perfeitamente ser transmutado na outra polaridade dessas mesmas emoções (afinal, o aspecto relativo do Universo não é bipolar, Yin/Yang?).

Então podemos dizer que a coragem, o poder pessoal, o amor-próprio, a alegria, a serenidade, o autovalor e a alta autoestima certamente fazem parte da natureza essencial do Self.

O Alinhamento Energético é uma terapia, que foi desenvolvida a partir da vivência de um homem branco entre os índios brasileiros e é fundamentada na utilização da sensitividade para acessar e trabalhar profundamente as questões inconscientes, que produzem sofrimentos, doenças, bloqueios e limitações.

Quando essa limpeza e transmutação acontecem através da canalização, as velhas teias de neurônios no cérebro — que davam suporte aos padrões psicoemocionais transmutados na terapia — se desconstroem e novas teias de sinapses são produzidas, para dar suporte e atualização às emoções e aos conteúdos que foram reequilibrados e reintegrados.

C) UMA TERAPIA MULTIDIMENSIONAL

Muitas religiões e filosofias milenares disseram — e as modernas Física Quântica e Psicologia Transpessoal estão corroborando — que tudo o que está fora de nós encontra--se igualmente dentro de nós. Isso quer dizer que todo o Universo está dentro de nós. Todas as potencialidades, quali-dades, energias, elementos (inclusive químicos), que existem fora de nós, encontram-se também desde sempre dentro de nós. Hoje, já sabemos que o nosso cérebro físico opera igualmente com relação ao que é de âmbito interno ou de natureza externa.

Se você estiver com fome, ver uma comida gostosa ou simplesmente pensar nela fará com que seu cérebro reaja igualmente, acionando todo o sistema para se preparar para comer.

O amor, a força, a paz, a coragem, a determinação, a fecundidade, a justiça, o equilíbrio, a harmonia, a disciplina, a criatividade, a alegria, o prazer, a flexibilidade, a honestidade, a lealdade, a serenidade, a sensibilidade, a beleza, a neutralidade, a paciência, essas — e muitas outras — qualidades, virtudes e potencialidades que existem desde sempre dentro de nós, por sua vez, são gerenciadas fora de nós por inteligências situadas em níveis vibratórios mais elevados e expandidos do que os nossos, na complexa estrutura sistêmica/holográfica da grande hierarquia universal.

São, por exemplo, os deuses de tantas mitologias e de tantas culturas: os devas do Hinduísmo, os animais de poder do Xamanismo, os anjos das culturas judaico-cristãs e islâmicas, os orixás da África e também o Ministério de Cristo — a Egrégora que dirige o trabalho terapêutico xamânico brasileiro, chamado Alinhamento Energético.

Na verdade, os Seres de Luz, mestres, anjos, gurus, deuses, de uma forma geral, não podem nos dar nada que porventura já não tenhamos, pelo simples fato de que já temos toda a Criação dentro de nós.

Não nos falta nada. Fomos "fabricados" completos, perfeitos, plenos, embora ainda não nos lembremos — nem experienciemos — essa condição (os hindus chamam essa ignorância primordial de *avidya*). Não deveríamos precisar de deuses nem de mestres para nos dar o que já temos.

Mas como ainda somos ignorantes sobre quem somos realmente e estamos com a nossa perspectiva da existência e com o nosso referencial de realidade ancorados na dualidade e na impermanência, os mestres e os Seres de Luz podem interagir conosco e nos ajudar a despertar e desenvolver a consciência de que esses potenciais e qualidades já existem em nós desde sempre e que nós somos Um com todo o Universo.

Os Seres de Luz também podem nos ajudar a limpar e reequilibrar os conteúdos residentes nas nossas dimensões inconscientes, onde se alojam registros, crenças e padrões limitantes e dolorosos, que nos mantêm ignorantes em relação a quem somos e na consequente manutenção do sofrimento.

Ao longo da história da humanidade, na manifestação dos mitos, o homem projetou fora de si todas as qualidades, virtudes e potencialidades antropomorfizadas na figura dos deuses — cada um com sua qualidade e função —, como um verdadeiro processo coletivo/psicológico de projeção e transferência: focar e buscar (fora de si) o que já se tem (em si mesmo) e não sabe que tem!

Daí o homem construiu os deuses à sua imagem e semelhança, em um processo intuitivo em que sábios e mestres de todas as épocas canalizaram escrituras, conceitos teológicos, uma infinidade de deuses, de rituais e de sistemas filosóficos.

Repare que todas as mitologias de todas as culturas são eminentemente funcionais: deuses da chuva, da fertilidade, da justiça, do fogo, da força, da verdade, do amor, da sabedoria, das artes, da morte etc.

Assim, os deuses funcionam como grandiosos espelhos, que refletem para nós a plenitude e a completude do que já temos e somos e que está inconsciente ou subutilizada em nós neste momento.

81

Infelizmente, grande parte das religiões e das pessoas acaba ancorando as suas demandas de cura e de libertação nesses símbolos e mitos externos, desenvolvendo as mais diversas formas de idolatrias e sistemas de barganhas espirituais, na esperança de que os seres poderosos possam dar às pessoas aquilo que elas pensam que têm, mas que na verdade não têm. Ou esperando que eles — os seres — façam pelo homem o que ele tem que fazer por si mesmo.

Como os deuses são a própria personificação egregórica e arquetípica das virtudes, poderes e qualidades universais, estes seres — guardiões, devas, anjos, orixás ou animais de poder — são, simultaneamente, entidades separadas de nós e ao mesmo tempo quanticamente nós mesmos, nas infinitas dimensões e potências do nosso Ser interno.

Por outro lado, toda a atividade humana tem a sua Egrégora própria, o seu grupo de seres que interage de alguma forma com o mundo encarnado (guias, mestres, amparadores, protetores, antepassados). Cada família, hospital, escola, grupamento humano e cada templo de cada religião têm a sua Egrégora. E é claro que também existem as Egrégoras da sombra.

A Egrégora é, então, um fenômeno que acontece por diversas vias e compreende várias inteligências, que trabalham em outras dimensões e interagem com os seres humanos para auxiliá-los em suas caminhadas. Muitas dessas inteligências — canalizadas por sábios de todos os tempos e lugares — transformaram-se em mitos antropomorfizados — entidades mitológicas e arquetípicas —, que foram alimentados e energizados por intenções, orações, práticas, meditações, cerimônias e rituais por milênios, gerando um grande somatório de energias em um imenso quantum de poder energético e espiritual. O somatório das intenções, pensamentos e sentimentos de um grupo de pessoas focadas em um mesmo objetivo gera seres egregóricos, entidades quânticas/energéticas, que vão vibrar, amplificar e retroalimentar sinergicamente toda a energia gerada (positiva ou negativa).

A Egrégora do Ministério de Cristo — que dá suporte, apoio, proteção e amparo ao trabalho terapêutico xamânico do Alinhamento Energético — foi inicialmente canalizada pela Mesa de São Marcos, em Volta Redonda (RJ), e posteriormente por Aloysio.

Essa Egrégora, composta de Seres de Luz de várias linhagens evolutivas — chamados neste trabalho de Guardiões —, ofereceu-se a Aloysio para trabalhar transmutando e reequilibrando conteúdos psicoemocionais em desequilíbrio e sofrimento, registros de passado e de antepassados, crenças e padrões limitantes, interferências e energias intrusas.

O que efetivamente essa Egrégora realiza na terapia é a transmutação (repolarização, ressignificação) dos registros psicoemocionais que se enraizaram no nosso inconsciente, em função de como nós recebemos, sentimos e entendemos aquilo que nos aconteceu e que nos provocou sofrimento e que compõe a complexidade da nossa personalidade.

Se nós somos, como dizem os orientais, essencialmente perfeitos, felizes e completos, emoções como medo, raiva, ansiedade, tristeza, entre outras sensações, não fazem parte da dimensão da totalidade, do Self, como chamava Jung. Elas fazem parte da personalidade humana, com suas memórias e seus sistemas de crenças e padrões dolorosos e limitantes.

Por outro lado, se a característica primordial da Criação é ser dual (os chineses chamam isso de Yin/Yang), as emoções também são duais. Então tristeza e alegria, por exemplo, são as duas polaridades de uma mesma energia psicoemocional, bem como amor/ódio, medo/coragem, ansiedade/serenidade, mais-valia/menos-valia etc.

Dessa forma, o que o Ministério de Cristo faz na terapia do Alinhamento Energético é mudar a polaridade da emoção, que estava vibrando de forma dolorosa e limitante — devido às vivências e experiências que tivemos no passado — e integrar a sua outra polaridade à nossa essência, que é eterna e perfeita.

Muitas vezes, no decorrer das consultas e palestras, somos questionados acerca do significado do nome "Ministério de Cristo" e da sua aparente natureza religiosa. É comum a ideia de que pode se tratar de uma religião ou ordem evangélica, católica ou mesmo espírita. As pessoas supõem que, ao mencionarmos Cristo, estamos nos referindo especificamente a Jesus, o grande espírito de Luz da hierarquia crística (como também é Siddhartha Gautama na hierarquia búdica). O Cristo aqui se refere à consciência crística.

Com toda a certeza, a Egrégora do Ministério de Cristo quis respeitar as raízes religiosas e culturais do Ocidente. E muito provavelmente poderia ter se chamado "Ministério de Buddha" ou "Ministério de Shiva", se o Aloysio tivesse nascido e vivido no Oriente.

IV. A INTEGRAÇÃO DO ALINHAMENTO ENERGÉTICO A OUTRAS TERAPIAS

Nesses dez anos em que venho formando — primeiro com Mônica e depois com Gabi — terapeutas de Alinhamento Energético no Brasil e na Europa, muitos profissionais ligados à saúde — tais como médicos, psicólogos, massoterapeutas e acupunturistas, fisioterapeutas, instrutores de Yoga, consteladores, reikianos, astrólogos, tarólogos e terapeutas em geral — foram nossos alunos e foram formados e certificados por nós.

A maneira como Aloysio formatou o trabalho de Alinhamento Energético (e depois como Mônica e Carlos Henrique o aprimoraram) — com abertura, flexibilidade, ecumenismo, ecletismo e universalismo — tornou possível a integração dessa técnica terapêutica a qualquer outro instrumento de cura, já que a técnica é essencialmente a captação sensitiva (e o posterior encaminhamento para a transmutação) de conteúdos psicoemocionais em desequilíbrio (corpos energéticos) e o retorno desses conteúdos curados (o corpo em Luz) com a Senha.

Essa técnica não depende de rituais, condições externas ou de doutrinas específicas. Nem é preciso verbalizar e, na verdade, nem é absolutamente fundamental que o cliente esteja presente no local para o trabalho funcionar com eficiência.

Também não é necessário que o indivíduo deixe de lado seu caminho, abandone sua religião, sua ideologia, filosofia ou sua linha terapêutica para aprender a ser terapeuta ou ser cliente de Alinhamento Energético. Prova disso é o feedback que recebemos dos terapeutas formados, que sempre aponta no sentido da potencialização e do upgrade que seus trabalhos tiveram após o contato com o Alinhamento Energético.

Exatamente da mesma forma como aconteceu com o nosso trabalho durante as sessões de Renascimento — quando vamos silenciosamente encaminhando os corpos energéticos, que vão literalmente se descolando do cliente através da respiração terapêutica. Isso otimiza muito o trabalho de limpeza e reequilíbrio promovido pela respiração. Ou ainda quando estamos em um atendimento de Alinhamento Energético e aparece uma questão familiar complexa, muitas vezes nós damos um stop para constelar a questão.

Às vezes ainda pegamos a mesa e os bonecos, montamos uma constelação e depois retomamos as canalizações. Mas, de um tempo para cá, nem pegamos mais os bonecos. As constelações são realizadas na Dimensão de Luz (no Ministério de Cristo) e o canalizador facilita — ou só descreve o que está acontecendo — a constelação, como se essa estivesse acontecendo no nível físico com bonecos ou pessoas.

Já aconteceu inúmeras vezes de o cliente mostrar a gravação da sua vivência conosco para seu psicoterapeuta e este ligar para marcar uma consulta, interessado em conhecer melhor o nosso trabalho. Em outras situações, o próprio psicoterapeuta recomenda o Alinhamento Energético ao seu cliente.

Houve casos também em que o psicoterapeuta acompanhou o cliente durante o atendimento e tomou notas sentado em um canto, enquanto observava o trabalho. Ao final da sessão, ouvi mais de uma vez o seguinte comentário de psicoterapeutas presentes no atendimento aos seus clientes: "Hoje avançamos muito na terapia".

86

Realmente é impressionante o efeito "levantador de lebres" do Alinhamento Energético — como o é também no caso das Constelações Sistêmicas —, além do seu profundo efeito transmutador e reequilibrador.

Entre as coisas que realmente me chamaram a atenção na terapia do Alinhamento Energético, após a minha inserção nesse contexto — que se deu primeiramente como cliente —, poderia destacar: a capacidade que o sexto sentido tem de acessar a dimensão inconsciente do psiquismo através da canalização (medianimização); a capacidade que a canalização tem, através do sexto sentido, de literalmente desinstalar as memórias e os registros (corpos energéticos) dolorosos e autolimitadores; o processo de encaminhamento desses conteúdos à dimensão autorreguladora e a atuação da Egrégora (Guardiões, Seres de Luz) no processo; o retorno dos conteúdos curados para serem "reinstalados" no sistema do cliente (Corpo em Luz) e a função e o efeito da Senha.

No início da minha história com esse trabalho, a maioria dos quesitos que citei acima me pareciam um tanto fantásticos para funcionarem como me diziam que funcionavam. Posso dizer, inclusive, que eu só estou até hoje (e cada vez mais) imerso nessa jornada, porque a técnica funcionou (e ainda funciona) muito comigo. Após dez anos de trabalho intensivo como terapeuta sensitivo, no mínimo reúno uma boa amostragem e estatística no meu acervo de experiências e vivências.

Lembro-me muito de vários clientes médiuns espíritas — do Kardecismo e da Umbanda — comentarem no final da consulta: — "Lembra daquilo que você explicou sobre o trabalho no início da sessão? De que quando os meus conteúdos estivessem sendo expressos através do canalizador, eles estariam sendo removidos do meu inconsciente? Eu os senti saindo!". — ouvi isso diversas vezes.

E por falar em médiuns de Umbanda, foi maravilhoso, anos atrás, ter a oportunidade de compartilhar esse trabalho com os membros de uma casa de Umbanda no Rio de Janeiro e ensinar aos médiuns — muitos deles bastante experientes — a canalizar corpos energéticos.

Atualmente, essa casa, além do tradicional trabalho de atendimento com cura e desobsessão, oferece também atendimentos com Alinhamento Energético, porque sabe-se que se as causas não são tratadas, os efeitos (principalmente doenças e obsessores) retornam.

Sinto-me especialmente gratificado quando consigo despertar os médiuns espíritas, umbandistas e de Candomblé para o fato de que o sexto sentido também pode funcionar como terapia e ferramenta transmutadora das energias psicoemocionais em desequilíbrio, que são, na maior parte das vezes, o que determina a qualidade da nossa saúde, da nossa vida afetiva e profissional e se temos ou não obsessores.

A "tecnologia" que cito foi percebida pelo Aloysio junto aos pajés e, posteriormente, por ele reformatada — com suporte e direção da Egrégora do Ministério de Cristo, para ser realizada sem rituais em consultório. Ela é a espinha dorsal, o "espírito da coisa", deste trabalho e, até onde posso perceber, é também de alguma forma a de todos os trabalhos que encontram-se inseridos nesta mesma vertente sistêmica/holística/sensitiva (como Constelações Sistêmicas, Resgate de Alma, Psicotranse, Tetha Healing, Frequências de Brilho, EMF, Apometria e outras tantas terapias quânticas que vêm, em sua maioria — direta ou indiretamente —, do Xamanismo e/ou são canalizadas dos povos das estrelas).

Outro indicativo que nos forneceu um interessante feedback sobre a integração do Alinhamento a outras terapias foi quando começamos a receber algumas terapeutas consteladoras como alunas do curso de formação (no Rio de Janeiro e em São Paulo). E, no final do curso, ouvimos de quase todas: — "Nossa, depois do Alinhamento minha constelação nunca mais foi a mesma. Parece até que ela foi turbinada!".

Dizem que quando perguntavam a Bert Hellinger — o terapeuta alemão criador das Constelações Familiares — como seu trabalho funcionava, ele respondia que não sabia, não queria saber (e não reconhecia nenhuma tentativa de explicação) e só lhe interessava o fato de que funcionava.

Talvez pela sua condição de ex-padre, tivesse sido difícil para ele entrar em certos campos complicados para os cristãos — como reencarnação, mediunidade, outras dimensões etc. Então ele incorporou no seu trabalho de psicoterapeuta a "tecnologia" zulu (Xamanismo do bom!), que ele aprendeu quando foi missionário na África e não quis entrar nos "intestinos" da coisa. Mas pode ser que agora, como ele se ligou a um índio mexicano, Tatacachora — que diz ser o "Don Juan" dos livros do Carlos Castañeda —, Hellinger talvez queira explorar os bastidores sensitivos do seu trabalho.

Quando você trabalha consciente de que a sua terapia é sensitiva, de que você é apenas um canal e que está tendo proteção, suporte e direcionamento de uma Egrégora (que é quem de fato faz o trabalho), de uma equipe na outra dimensão — como ocorre com todos os trabalhos espirituais, religiosos, terapêuticos, artísticos, educacionais, médicos, científicos etc. —, o trânsito e o fluxo da energia e das transmutações e curas parecem ficar bem mais otimizados e aprofundados, além de mais protegidos.

Ao falar em Egrégora, refiro-me a inteligências universais, de níveis de consciência expandidos e elevados, que trabalham na hierarquia cósmica no sentido de nos ajudar a abrir acesso a essas mesmas frequências de equilíbrio, luz e perfeição, que existem dentro de todos nós. São os facilitadores da consciência da Unidade. E não vejo porque isso tenha que ser encarado necessariamente de uma forma religiosa, mística ou esotérica — embora eu não tenha, claro, nada contra tais abordagens.

Muitos facilitadores de Constelações não gostam (e frequentemente não deixam) que o representante fale muito durante uma Constelação, porque, em geral, têm receio de que o que está sendo expresso seja um produto da mente do representante e não uma fala do representado.

O que o facilitador talvez não saiba (possivelmente porque Hellinger não tenha feito questão de saber) é que, nessa situação tão especial, profunda e multidimensional — que é uma Constelação —, na maioria das vezes o representante está canalizando um conteúdo psicoemocional do seu representado (ou de algum ancestral do representado), justamente para que esta expressão verbal canalizada possa desinstalar, com mais eficiência, o material em questão e encaminhá-lo para a Ordem do Amor para a transmutação e o reequilíbrio. E foi isso que mais impressionou as nossas alunas consteladoras cariocas e paulistas.

Em vez de reprimir a expressão verbal do representante, a facilitadora — que sabe que o representante está canalizando (ou, no mínimo, tem mais subsídios para perceber se é canalização ou criação da mente do representante) — faz a diligência e encaminha o(s) corpo(s) energético(s).

Aliás, vamos falar aqui também do ato de encaminhar — outra "tecnologia" impressionante!

O código, que Aloysio estabeleceu na matriz do seu trabalho e ensinou — de estalar os dedos e falar (ou pensar) "eu te encaminho ao Ministério de Cristo" —, abre uma incrível "banda larga" de acesso a outras dimensões ("rompe dimensões", como ele gostava de dizer), para otimizar a transmutação e o reequilíbrio da energia.

E é impressionante como os representantes, ao serem dirigidos na canalização de um corpo energético durante uma Constelação, sentem a mudança da frequência quando um Guardião se acopla ao campo ou quando é mostrada uma tela mental.

Não poderia deixar também de citar aqui o quanto foi importante para mim ter assistido ao filme *Quem somos nós?*, especialmente a parte em que o neurofisiologista ministra uma aula sobre como o cérebro estrutura suas redes neurais (o hardware), com seus hormônios e neurotransmissores, para "rodar" os "softwares emocionais", que vamos instalando ao longo da vida de acordo com a forma como vivemos (e entendemos) as experiências e os exercícios evolutivos — que são (co)atraídos por nós.

Acredito que o Aloysio teria adorado ver como a ciência já explica neurofisiologicamente o que acontece com o cérebro no processo da transmutação da energia psicoemocional — processo que se dá através da via da canalização com o uso da ferramenta do sexto sentido.

Quando o canalizador está expressando mediunicamente os conteúdos psicoemocionais do cliente, esses conteúdos são desinstalados do seu sistema psíquico e o seu cérebro dá início então ao processo de desconstrução do hardware — que prestava, por sua vez, suporte ao velho software, que foi removido pela canalização.

Quando o canalizador dá passagem ao Corpo em Luz com a Senha e isto é reincorporado — e reinstalado — ao cliente, o cérebro dele começa a construir um novo hardware para rodar o novo software, que está sendo instalado.

Como o cérebro não é um computador, que você desliga da tomada, troca o chip queimado, liga na tomada, dá um boot e volta a utilizá-lo novamente, os neurônios precisam de um tempo biológico para desconstruir e reconstruir as sinapses neuronais.

Dependendo do que foi tratado em um atendimento, o trauma pode apresentar raízes profundas, que forjaram, por sua vez, um poderoso hardware — que pode ficar, mesmo sem a presença do velho software, gerando ainda alguma memória residual durante um tempo. E esse processo pode fazer com que o cliente — especialmente nesses tempos tão acelerados e automatizados — reconstrua o que foi limpo e reequilibrado no atendimento.

Por isso a Senha é tão importante no processo. Ela tira a mente (e as emoções) da frequência do que está sendo desconstruído, colocando-a na frequência do que está sendo (re)enraizado no cérebro e no complexo psíquico.

V. A EGRÉGORA DO MINISTÉRIO DE CRISTO

Essa nova listagem dos Guardiões do Ministério de Cristo — nova em relação à listagem que consta no livro *Fogo Sagrado* — traz duas "gerações" de Guardiões: alguns extraídos da lista original do Aloysio — muitos deles provavelmente vindos da Mesa de São Marcos (onde o pesquisador conheceu a Egrégora do Ministério de Cristo) —, que passaram um tempo um pouco esquecidos, mas agora estavam sendo gradualmente reinseridos na listagem desenvolvida por Aloysio; e os Guardiões que foram se apresentando posteriormente através do Núcleo Fogo Sagrado de Mônica Oliveira e através de nós.

Também ampliamos e aprofundamos as descrições das funções dos antigos Guardiões:

ALIMENTO SAGRADO: É sempre convocado antes das refeições para purificar e vibrar os alimentos. Também está relacionado a tudo o que nos alimenta (o que ouvimos, pensamos, vemos e sentimos) e como eu semeio e alimento a minha vida no planeta;

AMOR INCONDICIONAL: Energia doce e suave, que trabalha no aprendizado interno, no sentido de ensinar ao indivíduo a se amar e amar a tudo e a todos sem julgamentos, de forma incondicional;

ANINHA DA BORRACHA: Ser de Luz criança, que trabalha apagando as memórias dolorosas oriundas dos registros traumáticos do passado;

ARCANJO GABRIEL: Desenvolve o amor por você mesmo, desbloqueando e resgatando a plena função do sentir e reequilibrando, dessa forma, as emoções e os sentimentos. Trabalha no coração do homem;

ARCANJO MIGUEL: Uma das energias que ocupa uma posição de liderança na hierarquia do Ministério de Cristo. Trabalha na transmutação da sombra em Luz, na proteção contra as energias densas, na Justiça Universal — a balança — e no discernimento entre o irreal (a ilusão) e o real (a Verdade) — a espada;

ARLESSE MONTINELLI: Ajuda a manter o cérebro e a mente em equilíbrio, com lucidez, serenidade, inteligência, boa memória, bons reflexos, concentração e poder de raciocínio. É uma ótima Guardiã para quem necessita de ajuda em exames e provas difíceis, entrevistas profissionais etc. Ajuda muito também às pessoas que têm problemas psicológicos, psiquiátricos e que apresentam "curtos-circuitos" oriundos de mediunidade não (ou mal) trabalhada ou mesmo pela existência de chips (implantes);

AVANTE VAZ: Impulsiona os projetos, as ideias, os movimentos de expansão e crescimento. Dá foco e determinação para o indivíduo alcançar a vitória merecida (Vaz = Vitória de A a Z);

BARREIRA DE LUZ: Afasta as energias que não fazem mais parte do nosso momento e nos protege das energias intrusas e das interferências, criando uma aura de proteção;

BELO HORIZONTE: Abre os horizontes, as fronteiras e as barreiras do caminho. Traz também a consciência para o fato de que a existência é um oceano de infinitas possibilidades, nos ajudando a ter clareza e perspectiva nas mudanças, nas escolhas e opções;

BIANACHURA: Abre o campo de energia para atrair a fartura, a abundância e a prosperidade material e espiritual. Está relacionada com a energia da deusa hindu LaKshmi;

CAMPO DE LUZ: Expressão quântica das infinitas possibilidades. Frequência que abre espaço para a criação de novas realidades e para "zerar" o velho, o passado, o irreal e abrir possibilidades internas e externas para a (re)construção interna e externa do novo;

CÉDULA SAGRADA: Desbloqueia os padrões autolimitadores, que atuam sobre a nossa capacidade de gerarmos prosperidade e abundância e de sermos bem-sucedidos em nossas vidas pessoais e profissionais. Ela nos orienta a pagar e a receber com consciência, verdade e justiça; a lidar com o dinheiro (como lidamos com qualquer energia: com bom senso, respeito e equilíbrio, e entendendo que ele só é verdadeiramente bom, quando é bom para todos); e, por fim, se relaciona com a consciência de nosso próprio autovalor e poder pessoal;

CLARA: Energia feminina que trabalha no elemento Água, no equilíbrio das emoções, na clareza dos pensamentos e dos sentimentos e na expressão harmoniosa das emoções e dos afetos;

COCAR DE PENAS: Energia indígena que traz de volta o seu "cocar": sua autoestima, seu guerreiro interior, seu autovalor e poder pessoal. Conduz o indivíduo no sentido de tomar de volta o que é seu — seu potencial e seus talentos;

CURA UNIVERSAL: Rege a cura dos males e desequilíbrios gerais da humanidade;

CURADORES DE CORPOS E DE ALMAS: Grupo de Guardiões que podem ser chamados sempre que forem iniciados os trabalhos terapêuticos e energéticos;

DYNAMÓS: Rege o átomo; dá ânimo e energia; rompe a inércia inicial dos projetos e das mudanças;

DIOR ALLEM DI VAZ: Abre os portais, rompe as dimensões. Abre os canais para as multidimensões e o acesso na linha do tempo. Rege o desenvolvimento da sensitividade no aprendizado do Alinhamento Energético. Foi o guardião que se acoplou ao campo do Aloysio, para que este, na outra dimensão, pudesse ter mais luz, energia e proteção para continuar "administrando", no plano astral, a expansão do Alinhamento Energético pelo mundo. Por isso agora o Aloysio passou a ser chamado de xamã Dior Allem;

DIVAZ: Rege os projetos e faz com que andem;

DIVINA VONTADE: Trabalha para que a vontade do seu Eu Superior prevaleça, para a aceitação do que é e o desapego;

DOUTOR ARISMAR: Médico do Ministério de Cristo. É o Médico dos médicos. Trabalha com uma equipe de Guardiões chamada Engenheiros Genéticos;

DUDU E MARICOTA: Representam as crianças do Ministério de Cristo, que trabalham o amor puro e a alegria, protegendo os indivíduos das energias densas. Trabalham também a timidez das crianças, especialmente as que não falam;

EFIGÊNIA: Energia feminina de força, coragem, impulsão e recomeço. Lida com a energia primitiva da Criação e com os instintos;

ENGENHEIROS GENÉTICOS: Guardiões da linhagem dos Povos das Estrelas, que trabalham não só nas curas físicas, como também nas questões que envolvem o DNA — além de trabalharem também na remoção de chips;

ESCUDO DE PROTEÇÃO: Protege os indivíduos contra energias densas e situações tensas (violência urbana, por exemplo);

ESPADA DE FORÇA: Promove a paz nas favelas, gangues, brigas e violência urbana. Frequência que trabalha com base na emanação do amor — a força do amor que cura e contagia onde há ódio e trevas — e cuja espada é uma rosa. Escudo de Proteção e Espada de Força são duas expansões do Guardião Arcanjo Miguel;

EU PRIMEIRO: Guardião que trabalha reequilibrando a lei do "dar e receber", resgatando o amor e o respeito por si mesmo e a consciência do seu valor. Tem a ver com o ensinamento de Jesus: "amai ao próximo como a ti mesmo";

EU SOU LUZ: Resgata a nossa autoimagem, a consciência de quem realmente somos, abrindo nossa visão interna para as verdadeiras potencialidades, virtudes, talentos e qualidades. Ele nos ensina ainda a lidarmos com a sombra com aceitação, leveza e amorosidade e a aprendermos o que tem que ser aprendido e o desapego do que é ilusão;

FAMÍLIA DA LUZ: Grupo de guardiões que trabalha pelo reequilíbrio e pela cura dos sistemas familiares e seus emaranhados kármicos e relacionais;

FLECHINHA: Criança de energia indígena, que trabalha para focar o objetivo — acertar o alvo;

GILASTRO: Desbloqueia a energia econômica e financeira e põe em circulação a prosperidade que estava bloqueada e estagnada;

GIRAMUNDO: Dá movimento e faz funcionar o que está emperrado, rígido, obsoleto e estagnado. Limpa pessoas e ambientes densos;

GRANAQÜER: Rege a tranquilidade e a serenidade e traz a calma em situações de estresse, ansiedade, medo e raiva;

GUERREIROS DA LUZ: Grupo de Guardiões ligados à energia indígena, que trabalha pela proteção dos ambientes e pela transmutação das energias densas;

GUERREIROS DO ARCO-ÍRIS: Grupo de Guardiões que trabalha pela dissolução e integração das diferenças entre sexo, raças, religiões, nações, culturas, visões de mundo, partidos políticos etc.;

ILUMINO A MINHA SOMBRA COM AMOR E COMPAIXÃO: Ilumina aquelas nossas partes que não gostamos de encarar, de entrar em contato e que não aceitamos. Abre um acesso interno para que possamos ressignificar o que temos experienciado internamente como limitações, autossabotagens, defeitos, erros, falhas, culpas e imperfeições humanas, para, assim, podermos liberar o nosso amor e, com ele, os nossos potenciais e talentos;

JANGADA: Guardião indígena que guia as pessoas nas águas — situações ou emoções — difíceis e as auxilia na travessia;

KAZÍ: Guardião que trabalha a frequência dos adolescentes, trazendo harmonia e equilíbrio. Trabalha no processo de estruturação da identidade dos jovens e na expressão saudável de suas energias e potencialidades;

LIGEIRINHO DO TEMPO: Ajuda a passar o tempo mais rápido;

LUZ E FÉ (Lúcifer): Guarda os portais do inferno (da sombra) do homem. Esse Guardião é chamado para encaminhar energias intrusas e interferências (obsessores);

MÃE DE MIM MESMA (O): Resgata e desbloqueia o carinho, a aceitação e o amor incondicional que devemos ter por nós mesmos. É a consciência de que tudo o que precisamos encontra-se dentro de nós, especialmente o nosso amor e a nossa luz. É isso o que nos acolhe e nos protege, porque estamos referenciados no Ser dentro de nós;

MANTO DE MARIA: Encaminha para a Dimensão de Luz as nossas dores mais profundas, como um grande pacote de corpos energéticos, com toda a delicadeza de uma mãe, trazendo uma aura de aconchego, acolhimento e paz;

MARABÔ: Encaminha e desintegra energias muito densas. Dissolve as frequências que não são passíveis de transmutação: miasmas, larvas astrais, cascões, formas--pensamento, ou seja, lixo psicoemocional e energético. Trabalha também nos mais profundos, atávicos e viscerais medos do ser humano;

MINUTINHO DO TEMPO: Harmoniza a relação com o tempo. Faz o tempo "render" mais;

NA VELOCIDADE DA LUZ: Senha usada pelo Aloysio para romper dimensões e acelerar o processo de transmutação;

NOS BRAÇOS DE DEUS: Traz confiança, tranquilidade e capacidade de entrega. No início do atendimento individual ou da Roda de Cura, o cliente é sempre entregue "aos braços de Deus", pois é o Ser de luz quem disponibiliza aos terapeutas o material selecionado pelo Eu Superior do cliente a ser trabalhado naquele momento;

PALAVRA CONSCIENTE: Ajuda a abrir o canal da sensitividade. Torna a expressão verbal verdadeira, sincera, objetiva, consciente e, ao mesmo tempo, gentil e amorosa. Guardião maravilhoso para trabalhar com quem usa a palavra: terapeutas, artistas, professores, vendedores, advogados etc.;

PARANGOLÉ: Guardião que trabalha na cura dos vícios — vícios e compulsões no sentido mais amplo da palavra, que podem ser drogas, sexo, jogo, comida, informática, video game, esporte, musculação, consumismo, trabalho etc. —, assim como padrões e vícios psicoemocionais, comportamentais e relacionais;

PENA BRANCA: Guardião responsável pela energia indígena do Ministério de Cristo. Trabalha a força, a coragem, a conexão com a Terra, a objetividade, a ética, a verdade e a justiça;

PROJETO DIVINO: Faz-nos aceitar e entender os motivos pelos quais vivemos determinadas experiências. Mostra o que está por trás dos acontecimentos que nos fazem sofrer e o verdadeiro propósito dessas experiências evolutivas;

RAMISVANUCHI: O Guardião da Verdade;

SÃO MARCOS: Um dos Guardiões dirigentes na hierarquia da Egrégora do Ministério de Cristo. Auxilia nos movimentos de mudança e passagens de fase (são marcos, marcas). Traz a consciência da qualidade e do significado de cada movimento da vida, de cada marca, de cada registro, de cada memória;

SETE FLECHAS: Relaciona-se à força, objetivo, proteção, evolução e um profundo contato com a natureza;

TESOURA DOURADA: Corta os laços energéticos indesejáveis, as ligações com o passado (infância, nascimento, gestação, vidas passadas) e também com os padrões e as crenças desequilibradas — e até com as doenças — provenientes da ancestralidade;

TIÃO: É o Juiz dos juízes (Juiz do Universo). Ajuda nas causas relacionadas à justiça;

TONINHO DA GLÓRIA: Trabalha na frequência da Justiça Universal; na esfera do Karma e do Dharma. É o Advogado dos advogados (Advogado do Universo);

UM POR TODOS E TODOS POR UM: Rege a interação entre os homens no processo evolutivo. Traz a ideia e o sentimento de Unidade;

VELHO JARDINEIRO: Limpa as "ervas daninhas" dos ambientes;

VELUDO: Amacia as palavras e as situações.

VI. CASOS DE CONSULTÓRIO

A) O DUELO DAS LÍNGUAS

Por meio de Gabi, conheci M. em um estado muito agudo de emergência espiritual.

Nesse estado crítico, ela acabou por somatizar uma quase total escamação de pele inclusive nos olhos (como alguém que literalmente troca de pele). Por conta desse quadro, M. estava sem trabalho, sem dinheiro e com a energia zero.

Um dia, a pessoa com quem ela morava — e que era muito sua amiga — pediu socorro e nós oferecemos um atendimento de emergência. Várias situações inéditas e inusitadas aconteceram naquele dia.

Primeiramente porque prestamos dois atendimentos a uma mesma pessoa em um só dia — normalmente atendemos um indivíduo em sessões de duas horas a cada três meses. Nesse dia, o primeiro contato com M. aconteceu pela manhã — e envolveu mais de duas horas —; e o segundo aconteceu à tarde, tendo durado mais de duas horas. Foi inédito atender alguém duas vezes no mesmo dia, por mais de cinco horas no total.

Depois a situação continuou a se mostrar inusitada pelo que se seguiu: o estado de desequilíbrio de M. era tão grande, que, periodicamente — e sempre de repente —, ela incorporava uma energia que falava muito irritadamente em um idioma que nos parecia africano.

No início, trabalhamos com a hipótese de ser um obsessor — parecia o mais óbvio. Por essa razão, os Guardiões Luz e Fé, Arcanjo Miguel e Marabô foram exaustivamente solicitados! A criatura aparentemente africana, por sua vez, ficava cada vez mais irritada e vociferava sem parar — e a situação se manteve dessa forma por mais de duas horas.

Ao final do primeiro atendimento, deu-se em M. uma ligeira descompressão. Ela se acalmou, se equilibrou um pouquinho e voltou para casa. À noite, no entanto, M. ficou muito mal outra vez e a amiga a trouxe de volta, recomeçando o embate.

A situação se manteve dessa forma até que, em algum momento, um *insight* do andar de cima me sugeriu que a Gabi canalizasse a língua dos anjos e "encarasse a coisa" a partir dessa frequência de Luz.

A Gabi já contou a sua história no início do livro, ao falar da sua vivência no Movimento de Renovação Carismática da Igreja Católica. Ela desenvolveu o dom das línguas, que é um carisma do Espírito Santo.

Nessa ocasião, pude presenciar uma cena absolutamente insólita: de um lado, uma pessoa em transe total, toda descascada, falava furiosamente uma língua estranha; do outro e em sua frente, Gabi falava a língua dos anjos. O "ser africano", aos poucos, se acalmava, enquanto um "diálogo" absolutamente inusitado se desenrolava. Naquele contexto, era possível cortar a energia da sala com uma faca.

O tempo todo eu via — na minha tela mental — uma enorme serpente, que estava dentro dela e tentava sair por sua boca. Mais tarde, compartilhando a experiência, ela disse que tivera a sensação de que uma cobra (dentro dela) a sufocava.

No final do trabalho, uma energia de Luz de origem africana se manifestou através de mim e informou que aquele "ser" — que estava falando por intermédio da moça — não era um obsessor no sentido "clássico", mas a parte de uma vida passada que se desenrolou na África — onde ela havia exorbitado de seus poderes místicos e feito coisas não muito boas.

A energia de Luz disse também que o trabalho — que se desenrolava naquele momento — serviria para melhorar bastante o quadro apresentado, mas que ela deveria procurar algum trabalho espiritual de origem africana (ela é negra) — como, por exemplo, o Candomblé — para curar definitivamente aquela história.

O mais interessante foi que M. realmente se equilibrou com as sessões de Alinhamento Energético e acabou indo dias depois se consultar com um pajé — que tinha 92 anos e estava saindo da sua aldeia na selva amazônica pela primeira vez. Sem saber nada a respeito dela e de sua história, ele sincronicamente sugeriu que M. procurasse a religião da sua ancestralidade para curar o que a estava adoecendo.

Então fica mais um aprendizado: podemos ser obsidiados (ou até possuídos — como praticamente foi o caso aqui —) por partes de nós mesmos, que estão presas no passado.

B) O XAMÃ QUE DESVIROU

Antes de começar a contar esta história, quero falar um pouco sobre o termo xamã.

Sempre que uma cultura é inserida (especialmente filosófica e religiosamente) em outra — como foi, por exemplo, o caso das culturas orientais no Ocidente a partir dos anos 1960 —, muitos conceitos (e suas terminologias) acabam sendo adaptados ou mesmo transformados em função do choque cultural.

A palavra guru é um exemplo: no Ocidente o termo acabou ganhando uma carga quase pejorativa para se referir a um líder religioso — provavelmente "picareta" —, que trabalha pela dependência dele e faz você pensar que a vida vai ficar melhor porque ele vai ajudá-lo a carregar seu fardo — cobrando caro por isso, obviamente.

Até existe esse tipo, não é? Mas a palavra guru — que vem do sânscrito — quer dizer "aquele que ilumina a escuridão", ou seja, aquele que não pode fazer por você o que você tem que fazer sozinho, mas que pode — porque ele também andou por um caminho iluminado pela Luz do seu guru —, com a lanterna da sua sabedoria e conhecimento, iluminar e inspirar o seu caminho.

Enquanto no Ocidente essa palavra se refere depreciativamente a um falso mestre ou devotadamente a um santo — que acreditam que seja iluminado —, na Índia a palavra guru também se refere ao professor, à pessoa que ensina alguma coisa e não somente aos santos e iluminados. Com a palavra xamã — de origem siberiana — acontece a mesma coisa.

Na sua origem — e em condições naturais —, o xamã é um misto de sacerdote e médico tribal. É o pajé, o *medicine man*.

No Brasil, se você se intitular xamã (e não for índio), provavelmente vão dizer que você "está se achando", que você está "no ego".

Na Europa, no entanto, a palavra xamã é um substantivo comum usado para designar uma atividade. Se você é terapeuta, trabalha com energia e com o sexto sentido, então você é um xamã, um *healer*, e não necessariamente alguém santo, iluminado ou que tem algum dom fantástico.

A história aqui se passa na Áustria. Em uma de nossas viagens, Mônica e eu atendemos R., xamã de uma região localizada quase na fronteira com a Hungria.

R. era homossexual e tinha acabado de romper um relacionamento de muitos anos com seu companheiro. Fizemos, então, um atendimento de Fogo Sagrado para os dois — individualmente —, que estavam bastante mexidos com a separação.

Meses depois, fomos até o local onde morava o xamã — atendendo a um convite seu para conhecermos sua região — para prestar-lhe um atendimento em seu espaço. R. era soropositivo e queria muito fazer um atendimento em seu próprio consultório e na presença de sua terapeuta — que era quem estava nos produzindo naquela região.

O que se seguiu foi, no mínimo, "felliniano": o xamã morava em uma fazenda pequena e muito antiga — em uma construção praticamente caindo aos pedaços — e dividia espaço apenas com seu pai — um senhor bem velho e bem gordo, que ficava sentado o tempo todo ao lado do fogão à lenha em uma cozinha imunda, bebendo cerveja, rindo para nós com uma boca escancarada e desdentada e grunhindo, de vez em quando, algo que devia ser algum dialeto austríaco. Circulando em meio a tudo isso — dentro e fora de casa —, víamos um bode, muitas galinhas, patos, cachorros e gatos.

Fomos então prestar atendimento ao xamã em seu espaço de trabalho, onde ele recebia seus clientes.

Primeiro fato inusitado: foi a primeira vez que fizemos um atendimento com plateia, ou seja, além do cliente (o xamã), de nós dois, terapeutas, e do tradutor, estavam presentes — e sentados em cadeiras à nossa frente como uma audiência — a sua terapeuta (nossa produtora), o marido dela e um rapaz — que parecia ser o aprendiz do xamã.

O local era, no mínimo, bizarro: um velho (velhíssimo) aposento, escuro e úmido como uma caverna, com muitos tapetes velhos (e sujos) no chão, móveis antigos cobertos de poeira e as paredes forradas de velhas pinturas religiosas. Era um ambiente muito denso e pesado.

O trabalho foi tão forte, que, no final, quando a canalizadora começou a cantar uma música (em português) — que pedia às crianças para levarem a energia da leveza e da alegria para aquele lugar —, o tradutor teve uma catarse e caiu sentado no chão chorando muito, bastante abalado e emocionado. Foi muito forte para todos.

Na viagem seguinte, três meses depois, nosso produtor contou que recebeu uma ligação do xamã dizendo que, após o atendimento de Fogo Sagrado, ele havia ido fazer os seus exames de sangue e o HIV tinha negativado.

É claro que nunca saberemos o quanto o Fogo Sagrado contribuiu para esse resultado — e nem vem ao caso descobrirmos isso —, porque com certeza ele devia fazer outras tantas terapias — e, em terapias energéticas, tudo é sinérgico.

Contudo, o xamã fez questão de ligar e pontuar que, na opinião dele, o Fogo Sagrado havia sido fundamental em sua cura. Os fatos inusitados, no entanto, não pararam por aí.

Posteriormente, em outra viagem a Áustria — realizada meses depois —, nosso produtor nos informou que uma das pessoas que íamos atender naquele dia era a namorada de R. — o xamã que era homossexual e ex-soropositivo.

Claro que arregalamos os olhos e perguntamos (berramos) quase em uníssono: — "Mas ele não é gay?" E o produtor riu.

No atendimento, a namorada de R. nos informou que ele estava muito bem de saúde e se encontrava na selva amazônica — onde permaneceria por seis meses —, passando por um processo de aprendizagem com um xamã peruano.

O toque de humor ficou por conta do nosso produtor, que também era homossexual e que, por ter sido produtor de teatro, fazia com que parte da nossa clientela em sua cidade na Alemanha fosse composta por atores e atrizes — muitos deles também homossexuais.

E, de forma hilária, ele falou: — "Não vamos espalhar a história do xamã que deixou de ser gay depois do Fogo

Sagrado, porque vamos acabar perdendo uma enorme clientela. Já imaginou se o boato de que essa terapia "desvira" gays se espalha? Ninguém mais do teatro vai querer saber de Fogo Sagrado!"

C) MEU ENCONTRO COM BRUNO GROENING

Em 2007, eu estava trabalhando no sul da Alemanha com Mônica, na casa de um simpático médico daquela região. Ele havia gostado muito de nós e do Fogo Sagrado e nos convidara para atender seus clientes em sua casa.

Uma tarde, estávamos atendendo uma senhora que tinha câncer e vi chegar no plano sutil um homem, que ficou ali perto o tempo todo, só observando.

Quando o atendimento acabou, comentei com o tradutor, com o médico e a esposa dele sobre a pessoa que havia aparecido no astral. Descrevi o homem para o grupo e, em algum momento, um tal Bruno Groening foi citado. Acabaram me mostrando sua foto e eu pude constatar que era a mesma pessoa que havia visto durante o trabalho.

Bruno Groening nasceu em Danzig em 1906 e faleceu, precocemente, em Paris em 1959, aos 53 anos. Ele foi um grande curador que viveu na Alemanha, tendo curado gratuitamente milhares de pessoas e sido muito perseguido pela polícia, pelos médicos e pelos políticos.

Atualmente, existem grupos de cura espalhados por todo o mundo e há um grupo internacional multidisciplinar de médicos que dedica-se a estudar as curas que continuam acontecendo até hoje por todo o globo e que são atribuídas a Groening.

Em outro atendimento — com outra cliente, em outro dia, mas ainda na casa do médico alemão —, Groening apareceu de novo e se ofereceu para trabalhar comigo em casos de doenças físicas. E assim tem sido, como se ele tivesse se incorporado à equipe de cura do Ministério de Cristo.

Mais tarde, depois que completei o nível três de Reiki, Groening também sintonizou energeticamente as minhas mãos.

Anos depois, atendendo ao lado da Gabi uma pessoa no Brasil, vi Groening se aproximar e se posicionar ao lado da cliente no meio do atendimento. Fiquei algum tempo indeciso, em um ansioso "falo ou não falo" mental, até acabar finalmente — e meio constrangido — perguntando à cliente se ela por acaso conhecia Bruno Groening (pouquíssimo conhecido no Brasil), no desfecho do atendimento.

Ela arregalou os olhos e lentamente tirou do bolso uma foto... do Bruno Groening! Nem é preciso dizer que ficamos perplexos com a impressionante sincronicidade.

A cliente então nos contou que tinha ascendência alemã e que pertencia a um pequeno grupo no Rio de Janeiro ligado a Groening. Desde então, o curador tem eventualmente estado presente em nossos trabalhos, espontaneamente ou atendendo ao meu chamado.

Dois anos após esse episódio, fomos atender a um casal, cujo marido estava com câncer. Logo no início do atendimento, vi que Groening estava presente, mas inicialmente não falei nada.

No final da sessão, comecei a contar a história do meu encontro com Groening — até porque ele tinha se oferecido para trabalhar a saúde deste cliente e eu precisava lhe explicar isso —, quando sua esposa me interrompeu e falou:

— "Eu já conheço essa história, Ernani. A fulana (a cliente descendente de alemães que citei anteriormente) foi minha aluna de Reiki e me contou tudo. Eu sei quem é o Bruno Groening."

Groening então pediu à esposa do cliente que, sempre que fizesse Reiki no marido, mentalizasse as mãos dele — do curador — acopladas às suas mãos.

D) O MENINO AUTISTA

G. era uma terapeuta polonesa, que estava vivendo na Alemanha em 2004, e mãe de um filho autista e hiperativo.

V. tinha cerca de 10 anos e, eventualmente, era bem agressivo. Ele também era supersensitivo, quase vivia em um mundo paralelo (claramente extraterrestre) e falava com seres — que só ele via — em um idioma desconhecido, que a mãe compreendia de alguma forma através de suas expressões corporais e faciais e de seu tom de voz.

Participei de vários atendimentos ao menino, que, através da Mônica, conseguia falar com a mãe. Pude por várias vezes assistir a esta insólita conversa: um filho autista conversando com a mãe por intermédio de uma sensitiva.

Diante dos resultados, a mãe ficou tão entusiasmada que quis fazer a formação de terapeutas em Fogo Sagrado.

E) O CASO DOS CHIPS

Em primeiro lugar, gostaria de dizer que não entendo muito de ufologia. Sou simpatizante, mas não conheço profundamente o tema.

Também sempre tive simpatia pela chamada Fraternidade Branca, com seus mestres Saint Germain e Morya, e pela Chama Violeta, no entanto não me aprofundei no assunto. Sei quem é Ashtar Sheran e Trigueirinho, simpatizo muito com eles, mas conheço pouco. Digo o mesmo quanto à questão dos chips.

Curiosamente, a primeira vez que ouvi falar de implantes extraterrestres foi há uns trinta anos, quando tive como vizinho de sítio um casal — ele, alemão e radioamador; ela, uma simpática nordestina, que se dizia contatada por extraterrestres.

Ela contava que, quando jovem, havia sido abduzida e que os seres haviam implantado coisas nela (na época nem se conhecia o termo chip).

O marido, agnóstico e cético, não acreditava em nada, mas às vezes, quando a esposa estava contando uma de suas histórias meio *science fiction*, ela virava para ele e perguntava: — "Não é verdade, fulano?" (tipo "É mentira, Terta?").

E o velho muitas vezes tinha que dar o braço a torcer, porque ele mesmo já havia presenciado algumas coisas estranhas sem explicações lógicas.

Bem mais tarde, o tema dos chips começou a aparecer, bem como o da mudança de DNA, dos confederados, dos reptilianos e dos *greys*, dos intraterrestres, das plêiades e por aí vai.

A primeira vez que a questão dos chips apareceu em um atendimento de Fogo Sagrado foi na Alemanha, com um cliente que tinha o seguinte discurso: quem iria no futuro guiar os destinos do planeta seria o BRIC (Brasil, Rússia, Índia e China) — que iria desentronizar os USA. Dizia também que o BRIC era como um pássaro e que a cabeça dele seria a nova Alemanha.

Até aí...

Mas o cliente dizia que "ele" era o seu chanceler; o chanceler dessa nova Alemanha, a cabeça desse "BRIC" que tomaria o poder mundial das mãos do Tio Sam.

Sem entrar no mérito da questão, demos início ao atendimento e, logo na fase inicial da leitura de campo, apareceu a visão de um emaranhado de fios saindo do topo da cabeça do cliente e seres extraterrestres de energia pouco qualificada manobrando a outra ponta dos fios.

Nunca tínhamos visto aquilo!

E aí apareceram os Guardiões Engenheiros Genéticos e fizeram o trabalho de desconexão da "fiação" e a retirada dos chips.

Desde então, eventualmente têm aparecido casos de pessoas "chipadas", assim como têm aparecido os Engenheiros Genéticos, que também trabalham na cura física (com o doutor Arismar) e no DNA e atuam na retirada dos implantes. Foi aí que percebemos a origem estelar desses Guardiões.

Às vezes, no entanto, o próprio cliente retira os implantes, guiado pelo seu Eu Superior ou pelos terapeutas, sem contar com a presença dos Guardiões.

Percebemos que os chips são uma forma "moderna" de obsessão. Não é um ser humano desencarnado que obsidia um indivíduo, mas uma espécie de artefato tecnológico sutil (que às vezes até se materializa), que está vinculado a uma energia densa para servir a algum propósito (aparentemente) involutivo e que faz ressonância com você.

F) UMA HISTÓRIA COM O GUARDIÃO RAMISVANUCHI

Outra história interessante aconteceu na Alemanha envolvendo Ramisvanuchi, o Guardião da Verdade.

F. era uma amiga brasileira que havia sido casada com um comerciante alemão muito rico e de quem se separou depois de um tempo. Após a separação, F. se apaixonou obcecadamente por um rapaz brasileiro bem mais novo e de origem pobre, que estava trabalhando na Alemanha.

Toda vez que viajávamos para o país, íamos visitá-la e fazíamos para ela um atendimento de Fogo Sagrado, cujo tema era invariavelmente o mesmo: o rapaz a enrolava, a rejeitava, desaparecia, namorava um monte de gente, mas depois a procurava, em um vaivém que F., complacentemente, aceitava, e que o rapaz visivelmente aproveitava para usufruir das mordomias que nossa amiga lhe proporcionava — fato que F. negava veementemente.

Nós sempre lhe explicávamos que esse trabalho não manipula energia para proveito próprio e que o trabalho desbloqueia o que a gente limita em relação às nossas potencialidades. Mas F. estava tão focada em namorar o rapaz, que não nos ouvia e queria que o trabalho resolvesse magicamente o seu problema.

Em um dos atendimentos, F. insistiu em levar o rapaz. Ela dizia que ele era muito sensitivo e pertencia a uma família que era de Candomblé (ela também tinha medo das supostas magias e trabalhos que o rapaz fazia para ela e que a sua ex-mulher fazia contra eles dois).

Ao iniciar o atendimento, F. — que também era muito sensitiva e dada a umas catarses durante os trabalhos — de repente bradou em voz bem alta: — "Eu invoco aqui Ramisvanuchi. Eu invoco aqui e agora o Guardião da Verdade!"

E, na mesma hora, o rapaz, que estava sentado ao lado dela e bem em nossa frente, começou a revirar os olhos, entrou em uma espécie de semitranse e desatou a falar que realmente não a amava, que só gostava do sexo e das mordomias que ela proporcionava, que detestava muitas coisas nela, que não queria de forma alguma namorá-la e outras coisas mais. O rapaz falou tudo.

O mais estranho de tudo isso, no entanto, foi F. continuar a nos pedir para fazermos sessões para ajudá-la a conquistar o rapaz!

G) MEDINDO A ENERGIA

Sempre me interessei muito pela questão do "campo" que se forma em um local, quando pessoas se reúnem com a intenção focada em algo terapêutico e/ou espiritual. Lembro-me sempre da frase de Jesus: "Quando dois ou mais estiverem reunidos em meu nome, aí eu estarei presente".

114

Durante os cursos de formação de terapeutas de Alinhamento Energético — nos quais sempre percebemos nitidamente a existência desse campo, assim como nos atendimentos individuais —, ocorreu-me realizar umas mensurações da energia do campo a partir das mensurações radiestésicas, que vi o terapeuta vienense Samuel Bartussek fazer em uma palestra sobre a sua terapia — a Mimossonance — aqui no Brasil.

"Por acaso", naquele ano, um dos alunos de nosso curso era astrólogo — o querido Carlos Hollanda — e ele possuía um aurameter, um aparelho de radiestesia utilizado para medir campos energéticos (ou aura) — o mesmo que Samuel havia usado em sua palestra.

Fizemos o seguinte teste: pedimos a Gabi que canalizasse o corpo energético de uma das pessoas presentes. Em seguida, foi feita a mensuração com o aurameter (que são duas hastes de metal em formato de L, que se articulam abrindo e fechando), com o qual o operador se aproxima ou se distancia do que se quer medir. O aparelho, por fim, indica o tamanho do campo, a "espessura" da aura, que expressa o quantum de energia presente em um determinado espaço.

Quando a Gabi estava canalizando o corpo energético de uma pessoa, o aurameter parou a menos de um palmo dela, bem pertinho. Então algo engraçado aconteceu.

Estávamos em uma sala no segundo andar de uma casa e esse cômodo possuía uma varanda. O operador do aurameter se afastava da canalizadora e o medidor não parava. Ele chegou, então, ao final da varanda, brincou que ia pular o muro e ainda havia aura (mesmo o aparelho estando distante da canalizadora).

Fizemos ainda outra mensuração importante com o pêndulo radiestésico. Medimos dentro e fora da sala onde estávamos trabalhando com Alinhamento Energético em uma Roda de Cura. Foi uma diferença impressionante! Dentro da sala, o pêndulo parecia rodar freneticamente!

Posteriormente, fizemos em outras turmas mensurações parecidas com as do aurameter e com pêndulo e sempre obtivemos resultados semelhantes e surpreendentes.

Mais recentemente, recebemos como aluno o senhor José Edno Serafim, experiente operador de foto Kirlian, que aceitou fazer uma experiência com Alinhamento Energético e apresentou resultados também muito interessantes.

Queria ressaltar aqui o texto abaixo, que encontrei no site do Ouro Verde (o trabalho de Alinhamento Energético reformatado por Carlos Henrique Alves Correa e Desirée Costa, de São Paulo), sobre pesquisa feita por um cientista suíço com Ouro Verde e o equilíbrio dos chakras:

Para mensurar os efeitos do Alinhamento Energético, o Ouro Verde foi convidado a integrar uma pesquisa científica desenvolvida pelo suíço Stéphane Cardinaux (www. genieduliu.ch). O pesquisador criou uma técnica que mapeia o equilíbrio dos chakras a partir da interpretação de fotos tiradas pelo GDV (aparelho Electrophotonics Dr. Korotkov) antes e depois de um atendimento de Ouro Verde.

Com o dispositivo GDV é possível medir o nível de energia dos órgãos, sistema nervoso e glandular, a coluna e os chakras. As medições mostram o domínio da Energia vital e o estado de estresse mental, físico-energético e emocional, dando uma visão global do indivíduo.

Com o levantamento realizado em parceria com o Ouro Verde, o pesquisador pretende mapear os resultados do Alinhamento e entender os efeitos do trabalho no equilíbrio interno das pessoas. O interesse do suíço começou em 2009, na França, quando ele teve contato com o Ouro Verde pela primeira vez.

Segundo Stéphane Cardinaux, que pesquisa terapias de equilíbrio de chakras há alguns anos, o Alinhamento Energético é um dos métodos mais eficientes para o reposicionamento dos pontos.

H) E O CLIENTE CANALIZOU...

Aprendi com Mônica (que aprendeu com o xamã Aloysio) que, em um atendimento individual ou em uma Roda de Cura, o cliente não interage nem conversa com seus corpos energéticos — que estão sendo canalizados por um dos terapeutas: o terapeuta canalizador. Só quem conversa com os conteúdos canalizados é o outro terapeuta: o terapeuta dirigente.

Assim aprendi, assim vou ensinando. Mas não posso deixar de me lembrar — e de compartilhar — dois casos interessantes e inusitados em que foram os clientes, muito sensitivos, que fizeram o seu próprio trabalho.

Antes de começar a trabalhar em dupla com a Gabi, passei algum tempo realizando sozinho os atendimentos individuais.

Um dia, recebi um cliente para um atendimento. Era a sua primeira vez.

Como é de praxe, dei uma explicação sobre o trabalho, falei da sua origem, da técnica, do que e como íamos realizá-lo. Iniciei, então, a primeira parte do trabalho (a leitura do campo do cliente) e percebi que o rapaz, que era supersensitivo, já tinha entrado em conexão e estava em visível estado alterado de consciência.

Quando iniciei a segunda parte do atendimento — a "fase de limpeza", as canalizações dos corpos energéticos — e enquanto canalizava e falava, comecei a ouvir o cliente falar e percebi, então, que se tratava da expressão do mesmo corpo energético.

Então tive um *insight* e, ao contrário do que seria "tecnicamente correto" fazer — isto é, interromper a canalização feita pelo cliente e retomar a canalização feita pelo terapeuta —, encaminhei o que eu estava canalizando e comecei a dirigir o cliente.

117

O rapaz, sem nunca ter tido um contato anterior com o trabalho e em profundo transe, começou a canalizar os seus próprios corpos energéticos. Eu então os dirigi — utilizando as ferramentas usuais aplicadas que ele não conhecia (tela mental, os Guardiões), mas às quais os corpos energéticos responderam claramente — e depois, juntos, encaminhamos tudo. Por fim, ele trouxe o Corpo em Luz com a Senha — foi tudo forte e lindo!

A experiência foi também surpreendente para o cliente, visto que ele jamais havia experimentado algo na área mediúnica e nem sabia que era sensitivo.

De fato, essa vivência foi impactante para nós dois, pois eu nunca havia presenciado, até então, um cliente — que nunca tinha visto ou lido algo sobre o trabalho — entrar em transe profundo e captar seus próprios conteúdos psicoemocionais.

Em outra oportunidade, quando fazíamos nossa formação em Constelações Sistêmicas com o Metaforum, na cidade fluminense de Mendes, aconteceu-nos algo similar.

Embora estivéssemos lá com a firme intenção de sermos apenas alunos, acabamos sendo "descobertos" e, desde então, muitas pessoas quiseram ser atendidas por mim e por Gabi nas horas vagas.

Dentre essas pessoas, encontrava-se um consultor e professor de *coaching* de Minas Gerais (também espírita), que havia assistido à minha palestra no congresso durante os cursos do Metaforum. O consultor fez questão de ser atendido por nós e de cara rolou uma química especial entre a gente. Ele é uma pessoa belíssima e é um supersensitivo.

Ele já tinha ouvido a explicação do trabalho — que eu dera rapidamente na palestra do congresso —, então partimos para a leitura do campo. O consultor estava super-conectado e, na fase da limpeza, começou espontaneamente a canalizar e a expressar os seus próprios conteúdos. Mais uma vez então, passei pela inusitada situação de dirigir um

118

cliente — pela primeira vez —, que entrou em sintonia, abriu um acesso interno e deu passagem ao seu material psicoemocional, canalizando profundamente sua própria história e suas próprias questões.

O cliente canalizou corpos energéticos, o Corpo em Luz, a mensagem do Guardião e a Senha, sem que precisássemos intervir muito. Apenas o dirigimos e encaminhamos.

I) AUTORREFERÊNCIA

Abordagem trazida para o trabalho do Alinhamento Energético pelo saudoso terapeuta Alex Fausti, a autorreferência é, como chamamos, o raciocínio terapêutico que desenvolvemos a partir do trabalho das canalizações e das limpezas energéticas.

Autorreferência é trazer o olhar para dentro; referenciar a partir de dentro o que está ocorrendo fora; entender a função do que está sendo atraído do externo como veículo de aprendizado e crescimento interno.

Vejamos um bom exemplo clínico de autorreferência aplicada em terapia:

Uma mulher chegou para um atendimento individual, dizendo que tinha vindo trabalhar uma depressão, oriunda da descoberta de uma traição de longo tempo entre seu marido e uma grande amiga sua. A descoberta da traição acontecera havia um mês.

Eu ouvi atenciosamente a sua fala, levei em conta a sua tristeza e consequente depressão, mas em dado momento perguntei: — "Que traição você estará cometendo a si mesma, a ponto de precisar atrair uma traição externa para poder entrar em contato com essa outra?"

Daí, claro, a cliente arregalou os olhos, pois racionalmente isso não fazia o menor sentido. Irritada, ela disse:

119

— "Como eu atraí essa traição? Como eu posso estar me traindo? Eu fui uma ótima esposa e mãe. Terminei a faculdade, mas nem exerci a minha profissão, apesar de gostar muito do que estudei. Casei; abri mão de um grande amor na juventude, que não me trazia segurança; abri mão da minha profissão para cuidar do marido, da casa e dos filhos; me entreguei totalmente à família..."

Pare o filme! Percebeu a traição? Caiu a ficha?

Se a pessoa não sabe que ela é coadjuvante da traição externa, vai continuar pensando que a culpa é dos outros dois (ou sua), perpetuando assim o sofrimento e produzindo mais recorrências.

Se ela traz o acontecido para a autorreferência, entende o recado do que ela atraiu para promover alguma mudança em si e para forçar algum aprendizado — que, no caso da cliente, era resgatar o seu poder pessoal, a sua autoestima, o seu autovalor e aprender a se priorizar. Aí, então, podem acontecer transformações e cessar as recorrências.

J) GABI E UMA EXPERIÊNCIA COM EFT

Eu, Gabi, vou contar uma história surreal que aconteceu comigo.

Não foi com a técnica do Alinhamento Energético, mas com uma técnica que eu tinha aprendido há pouco tempo, chamada EFT (Emotional Freedom Technic) — uma espécie de acupuntura sem agulhas, usada para trabalhar principalmente padrões e crenças limitantes e dolorosas.

Estava eu saindo do Espaço Saúde para tomar um suco — já que daria aula de Yoga em alguns minutos —, quando encontro no portão de saída uma amiga, ex-dependente de crack, uma pessoa admirável, uma verdadeira guerreira sobrevivente.

120

Ela estava em uma espécie de surto, pois havia recentemente passado por um verdadeiro processo de renascimento pessoal e ainda se encontrava em período de recuperação.

Minha amiga tremia e falava: — "Gabi, faça alguma coisa, me leve para o "Pinel", sei lá. Eu conheço bem esse lugar em que eu estou agora e isso só passa com um "sossega leão". Já passei por isso antes. Quero me matar e vou fazer isso. Vou me jogar embaixo de um carro. Eu não quero mais sentir isso..."

Eu também tremia dos pés à cabeça e pensava: — "O que fazer com uma pessoa em uma situação dessas? Rezar? Dar um passe? Exorcizar ou sair correndo?"

Então me deu um "troço" e falei: — "Vem comigo!" Não sei quem tremia mais, eu ou ela.

Entrei numa sala vazia e pedi à minha amiga que expressasse, em uma frase, o que ela estava sentindo naquele momento. Ela então me olhou com uma cara estranha — porque era muito estranha aquela pergunta naquele momento — e me falou com os olhos esbugalhados: — "Estou me sentindo na merda!"

Então mostrei à minha amiga uma sequência de pontos no corpo em que ela iria percutir com a ponta dos dedos e pedi que repetisse a seguinte frase comigo: — "Apesar de me sentir na merda, eu me amo, me aceito e me respcito profunda e completamente".

Ela quase pulou no meu pescoço!

"Você não está entendendo! Eu estou aqui em surto e você me vem com essas coisinhas! Você não está entendendo! EU ESTOU EM SURTOOOOOOO! PRECISO DE REMÉDIO!"

Eu, calmamente (só na aparência), falei: — "Você confia em mim?" E ela disse que sim. Então eu pedi com firmeza: — "Faça o que eu estou lhe mostrando". E ela fez...

Na primeira sequência, minha amiga ainda estava brava comigo; na segunda, menos; depois, por fim, ela foi se acalmando gradativamente enquanto repetia a tal sequência e a bendita frase.

Eu tinha que dar aula, pois minha turma estava me esperando na sala ao lado. Então, disse a ela: — "Querida, fique aqui relaxando. Tenho que dar aula. Se acontecer qualquer coisa, bata na porta e me chame, por favor!"

Dei uma hora de aula sabe-se lá Deus como! Quando terminei o curso, saí correndo para vê-la. Onde estaria ela? Desci as escadas correndo e perguntei à recepcionista sobre minha amiga. Ela estava do lado de fora do Espaço Saúde.

Quando cheguei, ela estava às gargalhadas com um grupo de amigos e gritou quando me viu: — "Isso é que é 'sossega leão' na veia!" Ela foi embora perplexa (e eu também) e sorrindo.

VII. "CAUSOS" DO CONSULTÓRIO

A) TRÊS HISTÓRIAS COM ÍNDIOS E COM NEGROS

Gostaria de compartilhar três histórias que envolveram a libertação de energias negras e indígenas.

A primeira delas aconteceu em 2006, no primeiro evento que fiz na Aldeia do Sol (RJ) com Mônica Oliveira.

A Aldeia do Sol é um espaço de trabalho xamânico, localizado nas montanhas entre Miguel Pereira e Vassouras, a 120 quilômetros do Rio de Janeiro.

Seus guardiões são Bull & Bill, dois líderes da Tenda do Suor, ecologistas, músicos e artesãos, que, embora brancos e cariocas, pertencem à tradição nativa norte-americana cheyenne e são filhos espirituais do falecido líder cheyenne norte-americano Nelson Turtle.

Como lá é um espaço xamânico e especialmente dedicado à tradição cheyenne — que são os guardiões da medicina do peyote —, a Aldeia do Sol tem uma tipi (tenda cônica dos índios norte-americanos), que para esta tradição representa a sua igreja.

Quando fomos realizar o evento (que era de Alinhamento Energético, Tenda do Suor e Renascimento), resolvi fazer o

123

trabalho de Renascimento (uma técnica terapêutica de respiração) dentro da tipi, com todos os participantes deitados em círculo — como uma mandala —, respirando de mãos dadas. Foi um trabalho fortíssimo!

Em seguida, resolvemos continuar dentro da tipi e fazer ali uma Roda de Cura — uma modalidade de Alinhamento Energético, em que uma pessoa se deita no centro e as outras, em círculo, se sentam à sua volta. Então são realizadas as canalizações e as limpezas energéticas, que, pela sincronicidade e pela ressonância, beneficiam a todos.

Nesse dia, havia vários alunos do curso de formação presentes. Quando a primeira pessoa se deitou no centro da roda, ela acabou catalisando uma grande limpeza, iniciada com várias pessoas apresentando catarses e processos internos (alguns mediúnicos) na roda e com outras canalizando. Durante esse processo, os alunos em treinamento logo foram convocados para dar suporte e, no momento seguinte, a mesma pessoa que estava deitada no centro da roda acabou funcionando como um veículo para uma grande limpeza — que foi realizada na própria energia da tipi, que, por sua vez, abrigava energias indígenas norte-americanas ainda em sofrimento.

Essa liberação acarretou também a libertação de energias de negros, ainda mantidas presas na Aldeia do Sol (toda essa região vivenciou o ciclo do café, marcado pela participação intensa de muitos escravos). Nessa noite, houve uma grande festa no astral!

No dia seguinte, na hora do café, várias pessoas nos perguntaram se havia cavalos na aldeia (só havia um velho cavalo e este se encontrava preso) e se eles estavam soltos — pois à noite foi ouvido o som do galope de muitos cavalos pela Aldeia do Sol!

A segunda história aconteceu em nosso sítio — vizinho da Aldeia do Sol —, em uma noite em que Gabi e eu estávamos sentados em frente ao fogo em nosso *fire place* (local de fogueira, no jargão xamânico). Eu estava de olhos fechados, muito concentrado, cantando e tocando tambor, quando subitamente irrompeu em minha tela mental a visão de muitos negros vindo para perto do fogo. Muitos negros sem camisa, de calça branca pelo meio da perna, tipo capoeirista — e todos se sentaram em torno da fogueira.

De repente, do centro do fogo surge a figura de Jesus, que abençoa a todos, faz um gesto como quem liberta os negros e, imediatamente, grande parte deles sai correndo e fazendo bastante algazarra — como crianças na hora em que toca o sinal para o recreio.

Só que uma parte deles não correu. Eles continuaram ali sentados, me disseram que ficariam no sítio para trabalhar conosco, que ficariam morando naquelas terras e que se chamavam "Os Negros do Sítio".

Os Negros do Sítio têm a ver também com a terceira história, que aconteceu em 2009, no Centro de Yoga Montanha Encantada, em Garopaba (SC), quando meu mestre de Yoga e amigo, Joseph Le Page, nos convidou para realizar uma semana de Alinhamento Energético e Xamanismo em seu maravilhoso espaço — depois de eu ter lhe enviado informalmente um e-mail, apresentando meu novo site dedicado à técnica.

Fomos, então, Gabi, Tony Paixão e eu para lá e, com um lindo grupo de dez pessoas, passamos uma intensa semana fazendo Tenda do Suor, Renascimento e Alinhamento Energético.

No segundo dia, do nada, acabei tendo um febrão à noite. Passei o dia seguinte achando que fosse uma virose, então a Gabi me fez uma sessão de Reiki. Durante a sessão, ela viu em sua tela mental os índios que um dia habitaram aquele território — onde havia acontecido um grande incêndio, que os afastaram dali. Para encurtar a história, acabamos entrando em contato com muitas energias indígenas que estavam presas naquela região — e algumas pessoas do evento também sentiram fortemente a presença dessas energias.

Eu já havia achado muito curiosa a forma como o Joseph tinha me convidado para fazer o evento lá — em um local top de Yoga e Ayurveda —, sem querer saber muito o que eu fazia.

Joseph me disse que, para ele, o meu trabalho era Xamanismo, que queria levar a prática para a Montanha, que confiava em mim e não quis saber detalhadamente o que eu fazia ou o que iríamos fazer lá. Além do mais, ele tem uma preguiça enorme de ler em português.

Então ficou bem claro para nós que, por alguma razão, para curar essas energias indígenas — que era aquilo que faltava ser curado naquele espaço sagrado de tradição hinduísta —, talvez fosse necessária uma ferramenta mais especificamente nativa. Nós provavelmente fomos atraídos até lá para, com o Xamanismo, servir de veículo no processo de cura daquele povo e daquele lugar.

Foram feitas, ao longo do evento, duas Tendas do Suor, uma jornada xamânica e uma fogueira com muitas canções.

Numa tarde livre, Tony conduziu o grupo até uma praia onde havia sambaquis — sítios arqueológicos indígenas — e lá eles fizeram uma pequena cerimônia. Só que, mais uma vez, não só os índios encontravam-se por lá.

Depois desses acontecimentos, estávamos Gabi e eu almoçando, dias depois, no lindo refeitório do espaço, quando eu olho pela janela e vejo — na minha tela mental (mas de olhos abertos) — os Negros do Sítio! Então senti e entendi que também havia curas e libertações sendo feitas em povos negros daquela região.

Depois soubemos que naquele local moraram índios (tupy-guaranys) e que ainda havia muitos deles vivendo nas redondezas. Soubemos também que, no nosso último dia, fazendeiros grileiros colocaram fogo em uma casa indígena em uma reserva próxima e que havia na região vários remanescentes de quilombos, compostos por descendentes

126

de escravos que trabalharam na indústria baleeira — que, no passado, havia sido uma forte atividade econômica em Garopaba.

Em nosso último dia na Montanha Encantada — enquanto levava as últimas bagagens do quarto para o carro, que nos conduziria até o aeroporto —, fui fortemente atraído para o salão onde havíamos trabalhado durante toda aquela semana. Ele estava completamente vazio.

Entrei, sentei, fechei os olhos, então um chefe indígena local se aproximou no astral e me agradeceu muito. Foi muito forte. Eu chorei muito, até que, por fim, ele colocou em minha cabeça um lindo cocar, que eu "vejo" e sinto em mim até hoje.

Nem! Nem! Nem! (saudação tupy-guarany)

B) QUANDO O SANTO DE CASA FEZ MILAGRE

Fui sócio do psicólogo e jornalista Ralph Viana de 2003 a 2013, no Espaço Saúde — um dos mais tradicionais espaços de Yoga, Pilates e terapias complementares do Rio de Janeiro —, situado em uma casa em Laranjeiras de estilo art déco e tombada pelo IPHAN.

Apesar do ótimo movimento e do excelente nível da casa e dos seus profissionais, ela pouco gerava lucro líquido para os sócios no final do mês — na época éramos três sócios.

Como os três sócios trabalhavam no Espaço e ganhavam seu sustento com o próprio trabalho — e não com o lucro líquido da empresa —, o fato da empresa não gerar rendimentos acabava passando como uma contingência natural, fruto do alto custo para manter o nível de profissionais e funcionários, atendimento, limpeza, infraestrutura, divulgação etc. Além disso, a concorrência no bairro foi aumentando gradualmente ao longo dos anos.

Um dia, inconformado com este "diagnóstico" (e pressionado por mim a investir mais em divulgação, pois achava que o problema da casa era esse), Ralph mergulhou de cabeça na tarefa de fazer uma "biópsia" no Espaço e identificar onde estava o ralo por onde escorriam os lucros.

Então, ele mergulhou nas planilhas e nos relatórios dos anos anteriores, consultou contadores e advogados e leu algumas publicações de administração empresarial moderna.

De fato, muitas coisas foram mapeadas, descobertas e equacionadas, trazendo uma grande reorganização e otimização geral do espaço — e profissionalizando bastante o nosso amadorismo "alternativo".

Na época, resolvi ajudar a casa por outras vias. Aproveitei que o Carlos Henrique (especialista em Alinhamento Energético para empresas) e a Desirée (ex--cunhado e irmã da Mônica, respectivamente) estavam no Rio e pedi que eles fizessem um atendimento de Ouro Verde (que é a modalidade de Alinhamento Energético que o Carlos desenvolveu com um só terapeuta) para o Espaço Saúde.

Em um dia de dezembro à tarde, estávamos nós três no Espaço Saúde. Na ocasião, a principal energia que o Carlos captou naquela sessão foi a de um desencarnado raivoso, muito revoltado, que parecia ter algum imbróglio kármico comigo — e que estava ali firme e obcecado na tarefa de atrapalhar o trabalho de Luz e de cura realizado no Espaço Saúde.

Cego de ódio, revoltado, achando tudo aquilo uma profunda hipocrisia, uma grande mentira, "uma palhaçada", ele ainda manipulava outros desencarnados — que estavam por ali (inclusive uma das antigas donas da casa, que já tinha sido vista por um monte de gente) — para o seu projeto de sabotagem e vingança.

Ele foi encaminhado amorosamente para a Dimensão de Luz e, quando voltou em luz como um guardião, chorava muito. Quando parou de chorar, pediu muitas desculpas e se prontificou a trabalhar no Espaço Saúde como um Guerreiro Fiel (que foi o nome que ele deu como Senha).

A partir daí, como era eu quem abria de manhã o Espaço para dar aulas de Yoga, sempre saudava o Guerreiro Fiel.

Também a partir desse trabalho, a energia dos Guerreiros da Luz se instalou no Espaço na forma de muitos índios a cavalo, posicionados em volta da casa, protegendo-a e limpando-a constantemente.

Em novembro de 2004, o Espaço Saúde inaugurou seu *fire place* e, desde então, vem fazendo fogueiras em todas as luas crescentes (no início era apenas na lua cheia), recebendo povos nativos de todas as etnias norte, centro e sul-americanas.

Pouco tempo depois — e até hoje —, o Espaço Saúde começou a dar lucro real para os seus sócios.

Na época do atendimento com o Carlos e a Desirée, a Gabi era gerente do Espaço e era ela quem processava as planilhas e os relatórios mensais. Ninguém (nem ela) entendia, na ocasião, o que havia acontecido, pois as despesas continuavam mais ou menos as mesmas, as entradas não haviam aumentado tanto assim, mas o lucro líquido começava gradualmente a aparecer — e não eram erros de contas, pois o nosso tesoureiro é competentíssimo.

C) UMA HISTÓRIA COM O GUARDIÃO GIRAMUNDO

Certa vez, Mônica e eu estávamos voltando para o Brasil depois de um mês de intenso trabalho na Alemanha e na Áustria, bem no auge da grande crise da Varig que acabou resultando no seu fechamento.

Chegamos do sul da Alemanha e, no aeroporto de Frankfurt, tivemos que virar uma noite. O panorama no balcão da Varig era aquele que todos puderam ver nos telejornais: uma multidão à beira de um ataque de nervos querendo viajar.

No dia seguinte de manhã, quando abriram o atendimento — após uma pequena eternidade —, conseguimos chegar ao balcão, mas eles ainda não estavam fazendo o check-in — estavam apenas despachando a bagagem e dando um cartão sem número, data ou horário de voo aos passageiros. Ouvimos, então, do pessoal da Varig que havia três vezes mais gente querendo embarcar do que aviões disponíveis.

Passamos então pela alfândega e fomos para o local do embarque, onde havia mais uma multidão à beira de um ataque de nervos.

Após outra pequena eternidade, conseguimos chegar ao balcão e — "sei lá por que razão" — olhei bem nos olhos da moça que atendia no guichê da Varig e disse (em voz alta!): — "Giramundo!" Ela olhou como quem não entende nada (claro!) e perguntou: — "O quê?"

Eu, que também tinha achado aquilo meio doido — mas já "conhecendo o meu eleitorado" —, disfarcei, disse "nada, nada" e emendei o papo, perguntando sobre o voo.

Se por um lado era ruim estar ali — porque ninguém sabia absolutamente nada sobre o que estava acontecendo e aquilo poderia durar dias —, por outro comecei a me divertir com a possibilidade da Varig nos colocar em um hotel. E, já que não tínhamos compromissos urgentes no Brasil, poderíamos fazer turismo em Frankfurt (de que só conhecíamos o aeroporto) à custa da companhia aérea.

Para não ficarmos no meio do burburinho do pré-surto coletivo, resolvemos sentar bem na periferia do bolo de gente que se apertava nervosamente próximo aos guichês de embarque.

Depois de um bom tempo, vi uma funcionária da Varig sair do balcão e começar a pedir, a um por um dos passageiros, para ver seus passaportes e suas passagens. Um por um. Olhava e devolvia. Olhava e devolvia.

Eu achei, então, que ela estava checando quantas pessoas poderiam embarcar e quantas ficariam no hotel, que a Varig teria que bancar para aquela pequena multidão.

Como estávamos bem na borda da aglomeração — para ficarmos longe da neura — fomos literalmente os últimos a quem a moça pediu a passagem e o passaporte (e ela pediu o documento primeiro para mim).

Mostrei tudo, ela conferiu, me olhou e disse: — "Você vem comigo".

Eu respondi: — "Estou acompanhado".

Então ela respondeu que Mônica também deveria acompanhá-la.

A moça nos levou, por fim, ao balcão da Lufthansa (que ficava exatamente ao lado do da Varig e encontrava-se vazio). Chegando lá, ela perguntou à funcionária ali presente se tinha algum avião saindo para o Brasil. A moça, por sua vez, respondeu que sim, que estava para sair um voo para São Paulo e tinha lugar para nós dois.

Nós fomos os únicos passageiros a serem chamados pela funcionária para embarcar e, até onde percebi, os únicos daquela multidão que embarcaram. Assim Giramundo nos levou de volta ao Brasil.

Mas pensam que a história acabou aí?

Íamos para o Rio de Janeiro e, ao chegarmos em São Paulo — onde terminava o voo —, cansados de muito aeroporto e de onze horas no avião, nos deparamos com um replay de Frankfurt, ou seja, havia outra multidão nervosa.

Dessa vez, a multidão se aglomerava em frente aos balcões da Gol. Ao lado deles, os numerosos balcões da Varig estavam às moscas; a companhia nem estava voando mais.

Notei então que ainda havia uma ou duas pessoas no balcão vazio da Varig, que agiam como se estivessem recolhendo as gavetas e as fechando para sair. Mais uma vez — "sei lá por quê" — resolvi perguntar a eles sobre o voo para o Rio. Isso contrariava toda a lógica, já que o balcão da Varig estava vazio e o da Gol explodia de pessoas — que, com certeza, não eram um bando de idiotas e que, obviamente, já deveriam ter se informado sobre a situação.

Ainda assim, fui pedir informações sobre o voo para o Rio. A pessoa que me atendeu então solicitou as minhas passagens, pediu que esperássemos um momento, e, para a nossa surpresa e em poucos minutos, retornou com duas passagens para o Rio — pela Gol e saindo naquele momento! Giramundo!

D) MIMOSSONANCE

Numa noite, em uma palestra de Fogo Sagrado em Viena, perto do Museu Liechtenstein, notei que um homem magro, simpático e de cabelos brancos estava sentado na primeira fila e acompanhava tudo com muito interesse.

Depois da palestra, houve um coquetel em que ele se apresentou, nos contou que era mímico e que tinha desenvolvido uma terapia chamada Mimossonance (mímica + ressonância).

Samuel BartusseK nos contou que tinha ficado impactado com a palestra e com a técnica do Fogo Sagrado, porque sentia que ainda faltava um fechamento para o seu — ainda novo — trabalho terapêutico, uma finalização na metodologia do atendimento, que ele ainda não sabia o que era. Na palestra, BartusseK tivera um *insight* ao ver a possibilidade da captação e da utilização de uma senha como ferramenta terapêutica para evitar a reconstrução do material que foi trabalhado e reequilibrado na sessão.

Combinamos então de trocarmos os nossos trabalhos no dia seguinte. Nós, Mônica e eu, faríamos um atendimento para ele e ele nos atenderia separadamente.

132

Antes de continuar, quero contar um pouco da história de BartusseK, que é um mímico famoso em Viena, trabalha para grandes empresas e é contratado até por Harvard. Também é instrutor de Yoga e terapeuta corporal — um craque em leitura corporal.

Um dia, em uma viagem aos Andes, um xamã lhe disse que ele deveria transformar sua arte em uma terapia para curar pessoas. Na época, aquilo não fez muito sentido para BartusseK. Mas, tempos depois, em uma festa de amigos, um convidado chegou desesperado e aos gritos — talvez por ter sido roubado ou se acidentado — e todos os demais convidados se voltaram para ajudá-lo.

Foi aí que uma amiga de BartusseK passou por ele e o cutucou dizendo: — "Por que você não faz uma mímica do que ocorreu com 'fulano'?"

Naquele momento, deu-se o "clic" e Bartussek intuiu exatamente o que o xamã havia falado. Foi assim que ele integrou a mímica à terapia.

Bartussek então desenvolveu um trabalho que é essencialmente muito similar ao do Fogo Sagrado, só que, em vez da canalização utilizar a expressão verbal, o veículo da expressão mediúnica é corporal e se dá através da mímica.

Primeiramente, ele "mimifica" a pessoa — ou, em linguagem do Fogo Sagrado, capta um corpo energético —, expressa em mímica o conteúdo, encaminha-o e compartilha-o com o cliente, e, por fim, analisa as emoções, os posicionamentos e os movimentos corporais que apareceram no trabalho. Após as citadas etapas, Bartussek "remimifica" os conteúdos curados.

Mônica então sugeriu a ele que também trouxesse um movimento de cura para o cliente fazer, que seria a Senha! E isso proporcionaria o fechamento que ele tanto procurava!

Houve uma linda interação de terapias. Bartussek veio por duas vezes ao Brasil apresentar a Mimossonance e, desde então, esta técnica foi incluída nos cursos de formação

133

de terapeutas de Alinhamento Energético — até para soltar mais o gestual dos terapeutas na canalização dos corpos energéticos.

Como lembrou uma aluna na Alemanha, a Mimossonance serve também para trabalhar o Fogo Sagrado com surdos. Ela trabalhava com surdos, fazia formação de terapeuta de Fogo Sagrado e estava justamente buscando uma forma de integrar as duas coisas.

Outro acontecimento foi marcante para mim com relação à Mimossonance. Eu nunca havia feito uma Constelação Familiar e fazia algum tempo que namorava a possibilidade — eu estava realmente atraído por esta terapia. Mônica, por sua vez, já havia trabalhado no mesmo local que a falecida terapeuta Esther Frankel — a pioneira na terapia no Rio de Janeiro — e havia participado de alguns workshops com os professores alemães que ela trazia.

Meu filho mais velho — do primeiro casamento — até aquela data nunca havia morado com os outros dois meios- -irmãos — frutos do meu segundo casamento —, e já não morava comigo há mais de quinze anos. Um dia, então, meu filho mais velho se separou da mulher e foi morar conosco.

Achei que era um bom motivo para experienciar uma Constelação e decidi desenvolvê-la com a Esther, que pediu que eu escolhesse quatro representantes: um para mim e três para os outros — um para cada filho.

As Constelações começam com um determinado posicionamento, aí acontece uma dinâmica que vai sendo aferida e monitorada pelo facilitador. A Constelação então sempre termina em um posicionamento diferente, que o facilitador intui que é o melhor e o possível para o momento.

Quando fui fazer a minha sessão de Mimossonance com Bartussek em Viena — depois da sessão de Fogo Sagrado que fizemos para ele e sem contar-lhe que eu já havia constelado —, levei o mesmo tema para o trabalho: meus três filhos e eu morando juntos pela primeira vez.

Bartussek disse estar bem animado, pois era a primeira vez que ele trabalhava com uma família, com mais de uma pessoa por vez. Trabalhar várias pessoas em uma mesma sessão era uma situação nova para ele.

Sem que eu pronunciasse uma palavra, Bartussek foi "mimificando" cada um de nós quatro (um de cada vez, claro) nas mesmas posições em que eu, seis meses antes, havia inicialmente disposto nossos representantes na Constelação em companhia da Esther no Rio de Janeiro!

E, já na fase da cura, Bartussek nos "remimificou" (os corpos em Luz) nas mesmas posições em que aquela Constelação no Rio foi concluída.

E) O ÍNDIO

No final de mais um dia de trabalho na Alemanha, vínhamos, Mônica e eu, descendo a escada do metrô — eu estava com o meu tambor na mão sem a bolsa na qual normalmente o carrego —, quando de repente passou por nós um rapaz bem jovem, moreno (não tinha cara de alemão), segurando uma flauta peruana.

Ao avistar o tambor, o rapaz puxou conversa conosco e pediu para vê-lo de perto; deixamos, então, que ele segurasse o instrumento. Depois de analisar o objeto, o rapaz nos perguntou o que fazíamos com ele e de onde éramos. Respondemos que éramos brasileiros e trabalhávamos com Xamanismo. Ele, por fim, devolveu o tambor e disse que não gostava dos *medicine men* (xamãs), porque eles tinham feito mal à sua família.

Antes que perguntássemos mais alguma coisa, o trem chegou e o rapaz entrou no mesmo vagão que nós. Ele era muito falante e simpático. Ia conversando em voz alta com todo mundo no trem e, de vez em quando, tocava um pouco de flauta. Achamos, então, que ele era um músico de rua que tocava no metrô.

Depois de algumas estações, o metrô parou por algum tempo e finalmente comunicaram pelo alto-falante alguma coisa em alemão. Percebemos logo que alguma coisa tinha acontecido e que teríamos que mudar de trem — já que todos começaram a sair.

O rapaz da flauta percebeu a nossa situação e nos pediu que o seguíssemos, pois íamos ter que pegar um ônibus para outra estação, a fim de pegarmos outro metrô.

E assim foi. Pegamos um ônibus e depois outro metrô e o rapaz permanecia falante, conversando com todos e tocando de vez em quando a sua flauta.

Sentado à nossa frente, o rapaz nos contou que tinha uma namorada e que tocava na rua, como supúnhamos. Então lhe perguntei se ele tinha ascendência indígena. O rapaz respondeu que era um índio do Canadá, e, antes que pudéssemos agradecê-lo, o metrô parou e ele saiu pela porta rindo e falando com as pessoas.

A próxima estação era a nossa e ficamos pensando no nosso "anjo da guarda" índio, que nos guiou quase até a nossa casa. Mas a história não para por aí.

Na viagem seguinte, que aconteceu três meses depois, estávamos na mesma cidade alemã em um restaurante italiano — que ficava ao lado do local onde trabalhávamos naquela época e onde, meses antes, ocorreu um episódio bem interessante.

Fomos a esse restaurante pela primeira vez depois de um dia de trabalho, para comermos algo antes de irmos para o hotel. Chegando lá, colocamos as nossas bolsas e o tambor (sem a capa) em cima de uma cadeira vazia.

O garçom, um italiano de seus 60 anos, viu o tambor quando veio pegar os pedidos. No instrumento, havia um beija-flor pintado, que despertou a sua atenção. Diante do desenho, ele então começou a falar coisas interessantíssimas sobre o simbolismo do beija-flor e sobre nós.

Contamos-lhe que trabalhávamos com Xamanismo e o garçom nos contou que lia cartas. Lembro então que pegamos as Cartas do Caminho Sagrado (da Jamie Sams) e mostramos para ele, que tirou uma delas e fez uma análise superinteressante.

Da segunda vez que fomos a esse restaurante — três meses depois do episódio do rapaz da flauta no metrô —, estávamos à mesa, Mônica, o tradutor, o nosso produtor e eu, quando passou ao lado da nossa mesa o rapaz do metrô todo paramentado de índio americano, com cocar, roupa de couro e flauta. Dessa vez, no entanto, ele parecia muito preocupado e conduzia pela mão uma menina lourinha, bem nova, que aparentava ter uns 12 anos.

O rapaz estava muito sério e não dava mostras de que nos reconhecia; já a menina que ele levava pela mão, por sua vez, parecia estar em estado de choque.

Na mesma hora, Mônica sentiu a energia da menina, entrou no campo dela e declarou: — "Essa menina sofreu abuso". Começamos, então, discretamente a fazer um pequeno Alinhamento para a garotinha ali na mesa mesmo.

O mais interessante foi que o garçom "xamã", que estava em pé na porta do restaurante, viu toda a cena do índio com a menina e também notou que havia alguma coisa séria — mas percebeu também que o rapaz estava cuidando da menina como se a tivesse encontrado vagando pela rua e que ela precisava muito de ajuda.

O garçom logo se aproximou, chamou o índio e a menina, pediu que se sentassem e, sem que pedissem nada, trouxe um sorvete para a menina e água para o índio.

Nós, duas mesas atrás, víamos tudo e mandávamos Luz para a menina, porque sua energia estava na frequência da emergência — e o índio e o garçom também sabiam disso. Todos estavam cientes da urgência, sem que ninguém tivesse trocado uma palavra.

137

Depois de algum tempo, o índio se levantou, pegou a menina pela mão, agradeceu ao garçom (que não cobrou o sorvete e a água) e saiu com ela — ambos já com outra energia.

F) A MESMA PEDRA

Em sua juventude, Aloysio — o xamã Dior Allem —, quando vivia em Volta Redonda (RJ), sua cidade natal, frequentava a Mesa de São Marcos — onde conheceu a Egrégora do Ministério de Cristo. Certa vez, ele ganhou da dirigente da Mesa uma pequena pedra. Ao entregá-la a Aloysio, ela dissera que um dia, quando ele ganhasse uma pedra igual àquela, sua missão aqui estaria terminada.

Muitos anos depois, Aloysio já trabalhava com Mônica em São Paulo e no Rio de Janeiro, quando, no intervalo do almoço de um workshop em um hotel-fazenda em São Paulo, o querido Luís Marchesini foi passear perto de um riacho. Durante a caminhada, ele notou umas pedras bem diferentes das comuns e resolveu apanhar algumas delas.

De volta ao hotel, Luís presenteou algumas pessoas — inclusive Aloysio — com umas pedras. Ele, por sua vez, quando a tomou em suas mãos, pôs-se a chorar convulsivamente por algum tempo. O comportamento de Aloysio mobilizou todos os presentes, que ficaram ali à sua volta sem entender o que estava acontecendo.

Quando ele finalmente conseguiu parar de chorar, pôs a mão no bolso, tirou outra pedra e mostrou aos presentes as duas rochas, uma ao lado da outra. Elas eram absolutamente iguais! Aí ele contou a história de como recebeu a primeira pedra.

Pouco tempo depois, Aloysio escorregou no banheiro de sua casa em Curitiba, bateu a cabeça, ficou em coma por uns dias e veio a falecer.

138

Quis compartilhar essa passagem da história do Aloysio, porque alguns anos depois, eu, que não o conheci pessoalmente, ganhei do mesmo Luís Marchesini uma daquelas pedras coletadas por ele naquele dia.

É realmente uma pedra bem diferente das comuns e a carrego sempre comigo. Nas cerimônias de formatura das turmas de terapeutas de Alinhamento Energético, ela está sempre presente, simbolizando e ancorando a presença do xamã ali e é sempre passada pelas mãos de todos os alunos que se formam.

G) O MESMO SÍMBOLO

Quando estava trabalhando na Europa ao lado da Mônica, por duas vezes levamos para a Alemanha o nosso amigo Tony Paixão, para fazer Tendas do Suor (também chamadas de Temazcal, Sweat Lodge e Inipi) conosco.

Tony é um *medicine man* de tradição cheyenne, que acompanhou a vinda de vários xamãs e curadores ao Rio de Janeiro nos anos 1990 através do Projeto Arco-Íris. Entre eles, estava o falecido líder espiritual cheyenne Nelson Turtle — que veio a ser pai espiritual do Tony, de Bull & Bill, entre outros — e também o Aloysio (que morava em Curitiba).

Antes do Carlos Henrique e da Mônica conhecerem e se ligarem ao Aloysio, ele trabalhou com outras pessoas e teve outros grupos no Rio e em São Paulo.

Em função da ligação do Tony com o Alinhamento Energético (por ser nosso amigo, ter feito nosso curso e ter conhecido o Aloysio) e por ser um artesão e um designer de mão cheia, ele acabou um dia espontaneamente canalizando e desenhando um símbolo, um logo do Fogo Sagrado, com que nos presenteou.

O desenho é uma cruz estilizada, que simboliza a Egrégora do Ministério de Cristo e as quatro direções (evocando o Xamanismo), nas cores azul, verde e amarelo do Brasil.

Meses depois, após Tony canalizar e desenhar o símbolo, estávamos um dia na Alemanha, Mônica e eu, na casa de um amigo que nos produzia e organizava na época. Durante a conversa, falamos a respeito do símbolo que o Tony havia canalizado e desenhado, quando decidi ir ao quarto para pegá-lo e mostrá-lo ao nosso amigo.

Ao retornar do quarto, mostrei o desenho ao nosso amigo, que arregalou os olhos, ficou branco e perplexo. Sem falar nada, ele então levantou, foi buscar algo e voltou carregando um papel.

Quando nos mostrou o papel, ele disse que havia canalizado e desenhado, algumas semanas atrás, o símbolo do Fogo Sagrado — daí fomos nós que arregalamos os olhos, ficamos brancos e perplexos. O desenho do amigo alemão era praticamente igual ao do Tony!

Este amigo, Peter Nemetz de Fürth, foi o primeiro organizador oficial do trabalho na Alemanha, tendo sido também o primeiro aluno e o primeiro professor formado por Mônica e por mim na Europa. Foi esse mesmo amigo que confundiu o nome do trabalho pensando que era Fogo Sagrado — porque este era o endereço de e-mail da Mônica.

Hoje, esse logo não é mais utilizado publicamente.

VIII. DEPOIMENTOS

"As coisas foram acontecendo na minha vida de uma determinada forma e em uma sequência de fatos aos quais eu fui reagindo, como se aquilo não me pertencesse. Sem saber que estava fazendo escolhas, um dia me vi numa situação e em um lugar no mundo que nunca imaginei que pudesse existir — quase como se alguém tivesse me colocado lá. Foi tudo tão rápido que hoje, olhando pra trás, fica difícil saber onde esse processo começou.

O processo a que me refiro é o da doença, da inconsciência, da desapropriação de si, dos sentimentos, dos sentidos, da consciência e da razão.

Um dia, eu me peguei olhando para o meu corpo (como se o estivesse observando de cima) embaixo de um viaduto — o Minhocão, em São Paulo —, dentro de um túnel com dois mendigos, fumando uma pedra de crack atrás de uma caixa de papelão.

Eu não sentia o cheiro daquele lugar, nem ouvia o barulho dos carros que passavam ao meu lado na rua. Eu não sentia fome, eu não sentia sono, eu não sentia nada.

Eu ouvia o barulho da pedra queimando no cachimbo e me guiava por aquele cheiro. Era só um instinto, uma necessidade que movia o meu corpo. Não tinha razão, não tinha medida, não tinha limite algum, não tinha mais vida. Era como se a minha alma tivesse se separado do corpo, expulsa por não compactuar com aquilo, com a outra parte dela — que se encontrava roubada, aprisionada, ligada àquela carne.

Na rua, as pessoas dizem que o crack rouba a alma da gente, que é "a raspa do chifre do diabo". Você fica a serviço daquilo por dias, semanas, só fumando pedra. Não sabe se é dia ou noite, onde você está, com quem você está. Nada importa. Você esquece quem você é. Não pensa na sua mãe, na sua família, não sabe onde eles estão.

De onde vem o dinheiro para comprar a pedra? Ninguém sabe. De qualquer lugar. Alguém pagou.

Primeiro, você vende tudo o que tem. Depois, você rouba a sua família, seus amigos, as pessoas na rua, vende o corpo, vale qualquer negócio. As pessoas brigam ou até se matam por uma pedra de crack. Uma vez, por exemplo, um cara me perseguiu na rua com um paralelepípedo na mão para roubar a minha pedra.

Quanto tempo dura o "barato"? Dois minutos. O tempo não existe. Enquanto tiver pedra para fumar, enquanto tiver dinheiro para comprar, enquanto tiver alguém para roubar, você fuma.

Você se força a dormir apenas quando todas as possibilidades de fumar só mais uma pedra são esgotadas totalmente e dorme rápido — e em qualquer lugar —, porque não aguenta a abstinência e o cansaço.

Depois, você acorda moído, culpado, com uma dor de alma tão grande, que ela parece até não caber em seu corpo. Daí, você sai na missão de conseguir outra pedra, para calar a sua dor e para fugir desse corpo e desse inferno.

O fato é que esse depoimento poderia ser de qualquer um. De qualquer um que morou na rua, qualquer um que não tem família e não teve oportunidades. Qualquer um que passou por isso e que fumou pedra — e muito poucos sobrevivem pra contar as suas histórias. Este, no entanto, não foi o meu caso.

Eu nasci em uma família boa, de publicitários, classe média paulistana. Sempre fui uma criança saudável, disposta e cheia de vida. Gostava de contato com a natureza, de viajar e minha família tinha casa de praia. Estudei em bons colégios particulares e sempre tive acesso a tudo: cultura, esporte, arte etc.

Eu era uma atleta e, com 14 anos, jogava futebol profissional na seleção brasileira. Fiz faculdade de cinema, mas não me formei.

Tinha um núcleo familiar estruturado e uma mãe carinhosa. Meu pai eu conheci pouco. Ele e minha mãe se separaram quando eu tinha um ano de idade e, com a separação, meu pai acabou se distanciando.

Quando eu completei 8 anos, ele contraiu aids e acabou se reaproximando de mim — meu pai morreu uns três anos depois. Eu acompanhei todo o processo. Ele foi ficando fraquinho, definhando, até ir embora.

Na adolescência, depois que parei de jogar bola — quando tinha uns 15 anos —, comecei a ter umas depressões fortes, depois ansiedade e síndrome do pânico. Desde nova, fui acompanhada por terapeutas e psiquiatras.

Passei a tomar uns remédios fortes: prozac, frontal, rivotril. Aí veio a faculdade, a bebedeira, as dúvidas e a sexualidade — tudo isso misturado aos remédios. Foi então que comecei a apresentar uns surtos psicóticos e a tomar remédios cada vez mais fortes (zargus, risperidona, stilnox). Muitos eram os efeitos colaterais, então engordei muito, fui ficando feia, desfigurada, mais deprimida, anestesiada. No meio de tudo isso, eu me perguntava que diferença poderia fazer?

Comecei, então, a cheirar cocaína.

Em meio a conflitos internos e brigas em casa, eu quebrava janela, quebrava vidro, me cortava, quebrava tudo. Perdi a conexão com tudo! Perdi a conexão com a vida, com a essência, com o sopro e com a menina que eu fui um dia.

Na rua, a gente tem uns flashes de consciência; uns momentos em que nós percebemos que tudo está errado. Em geral, quando eu acordava, sentia dor, queria parar e desejava nunca ter escolhido aquele caminho.

Mas eu não acreditava em mim. Eu me sentia fraca como ser humano e incapaz de resolver coisas corriqueiras — que pareciam simples para as outras pessoas. Imagina se eu ia dar conta de parar e encarar o mundo! Eu lidava todos os dias com um misto de vontade de viver e de morrer de vez, por não me sentir capaz de lidar com a vida. Isso fazia com que eu me sentisse diferente, estranha, fraca, incapaz de realizar qualquer movimento, paralisada naquela situação.

Para mim só uma coisa mudou tudo isso: sentir a presença da morte — e esse foi o maior impulso de vida com que tive contato.

Não foi uma situação específica como ter uma arma apontada para a cabeça — embora isso também tenha acontecido em outra ocasião. Foi um calafrio que senti por dentro, um frio que senti na alma — numa parte dela que já nem se encontrava mais naquele corpo —, quando percebi que ela não estava mais lá. Foi em um segundo de consciência que percebi que meu corpo havia se tornado "casa de ninguém", que eu estava animalizada na rua, fazendo "nada", qualquer coisa, perambulando num limbo na Terra, nem morta nem viva. Foi quando precisei tomar uma decisão: eu decidi tentar.

Arrumaram-me (nem lembro quem) o telefone de um resgate, de uma clínica de desintoxicação. Na rua, a gente fica sabendo dessas coisas e só não liga porque tem medo; não tem coragem de encarar o processo. "Todo mundo acaba voltando" (a gente pensa). Quantas vezes eu conversei ou ouvi histórias de pessoas que foram internadas uma, duas, três vezes e estavam ali fumando comigo. Para quê? É uma desesperança, uma desilusão.

Mas cada história é uma história. E o fato é que eu fui para a clínica.

Liguei para o local indicado e eles foram me resgatar na "cracolândia" (centro de São Paulo). Levaram-me então para uma clínica no interior de Bragança Paulista — uma clínica ótima, que funcionava em um sítio, cujo dono é um dependente químico em recuperação há trinta anos, "limpo", que cuida de tudo com muito amor e realmente quer ajudar outros dependentes. Ele sabe que só quem quer se recupera, então era opcional a permanência no espaço; ninguém ficava lá obrigado. Como se diz, era uma clínica de "porteira aberta".

Eu fiquei internada durante quase um ano. A equipe, então, entrou em contato com a minha família — que, àquela altura, já achava que eu tinha morrido ou sei lá — na tentativa de começar a promover uma reintegração.

Na clínica, a base do trabalho é o Programa de Narcóticos Anônimos (o livro dos 12 passos) e a laborterapia, junto com acompanhamento terapêutico e psiquiátrico (ou seja, mais remédio).

Foi um tempo muito difícil — tão ou mais difícil que o da rua. Eu sentia muita abstinência, muita vergonha, muita culpa, muitas coisas que não conseguia entender. Eu era confrontada o tempo todo (faz parte do programa) e me diziam que a dependência química não tem cura, que eu sempre seria doente, mas que poderia viver abstinente e — apesar das estatísticas mostrarem o contrário (os percentuais de recuperações bem sucedidas são muito pequenos) — me reintegrar, um dia, à sociedade.

Não era muito animador. Era um esforço sobrenatural para acreditar que, se desse certo, eu ia passar o resto da vida tendo que lutar contra um impulso devastador de usar drogas — que existia dentro de mim — e sem ter a certeza de que poderia ser feliz sem elas.

145

Um dia, quase um ano depois, os terapeutas da clínica me disseram que, junto com a minha família, haviam chegado à conclusão de que eu não receberia alta, que eu não seria capaz de uma reintegração completa à sociedade e que o máximo que eles poderiam me oferecer naquele momento era um regime semiaberto, no qual eu passaria a morar na clínica e a trabalhar em Bragança Paulista durante o dia.

Depois daquele ano e da desintoxicação do crack, eu me sentia mais forte e tinha sede de vida. Era como se eu tivesse reencontrado alguma conexão — pequena que fosse —, que me dizia que eu devia tentar. Não me importava com o fato de que ninguém concordava em me ajudar naquele momento ou de não contar com o apoio de alguém para tomar essa decisão. Eu precisava arriscar.

Depois de me "dar alta" da clínica, peguei minhas coisas, fui embora e fui buscar a minha reintegração com o mundo. Eu queria mais. Queria a vida por inteiro, não pela metade, nem que fosse para morrer tentando.

Eu fiquei um mês na casa de um amigo em São Paulo para procurar emprego, até que um grande amigo da minha mãe me ofereceu a oportunidade de fazer parte do grupo de sua agência de publicidade — que estava, naquele tempo, indo para o Rio de Janeiro para desenvolver algumas campanhas políticas. Seriam oito meses de trabalho com um salário e um lugar para morar garantidos. Era uma grande chance para recomeçar.

Foram oito meses bastante difíceis também — nada comparado às coisas que havia vivido até então. Eu estava diante de novos desafios e longe de toda e qualquer referência anterior que eu pudesse ter a meu respeito, num lugar onde ninguém me conhecia e nem conhecia a minha história. Agora era a hora de descobrir quem eu era.

Foi interessante descobrir que aquele universo do audiovisual, do marketing, do 'cinema' (que era o que eu havia escolhido para estudar na faculdade), na verdade, não tinha nada a ver comigo. Tudo aquilo estava muito mais ligado às referências que eu tinha tido na vida e às possibilidades de profissão, do que necessariamente a algo que viera de dentro de mim.

E é claro que isso gerou conflitos — assim como um sentimento de solidão enorme e um vazio interior de quem buscava um sopro de vida, o anseio, a ânsia, aquilo que mantém a gente conectado ao sentido primordial de estar na Terra. O que eu vim fazer aqui?

Isso tudo, por sua vez, se misturava às minhas inseguranças e à culpa, ao fato de eu acreditar que era doente e de estar aprisionada em tantos diagnósticos — de dependente química, de bipolar ou do que quer que seja. Tudo isso fez com que eu tivesse várias recaídas nesse período.

Por outro lado, a cidade do Rio de Janeiro — e toda aquela natureza abundante ao meu redor —, a vida saudável, as casas de suco, as pessoas praticando esportes na praia, me reconectaram a algo muito antigo: àquela menina atleta e aventureira que nadava, fazia trilhas e jogava bola.

Depois que a campanha acabou — e o grupo da agência voltou para São Paulo —, eu resolvi permanecer no Rio e, a essa altura, como já havia sobrevivido sozinha relativamente bem por um bom período de tempo, minha mãe resolveu me ajudar.

Foi quando eu aluguei um apartamento em Laranjeiras, que é um lugar onde, sincronicamente, existem muitos trabalhos de cura e autoconhecimento acontecendo e muitas pessoas buscando, do ponto de vista holístico, um estilo de vida mais saudável e sustentável. E como nada é por acaso, esse apartamento ficava localizado justamente no mesmo terreno onde o Ernani morava.

Quando fui fazer a minha primeira sessão de Alinhamento Energético, eu não tinha muita clareza do que iria acontecer — na verdade não tinha ideia do que era o trabalho.

Eu estava vivendo um momento intenso, em que muitas coisas estavam vindo à tona para serem curadas — através de diversos trabalhos, rituais e terapias —, numa busca incessante por um pouco de paz interior. Eu queria me sentir inteira e alegre novamente; voltar para a casa do meu coração; vestir a minha alma. Estava aberta e experimentando todos os recursos e ferramentas, ou seja, tudo que pudesse me ajudar. Então, durante esse processo, frequentei muito o Espaço Saúde por conta dos cursos e terapias que eles oferecem.

Diversas vezes, tinha surtos de choro em casa, sentia medo de não conseguir, não encontrar esse caminho, esse "fio de Ariadne" que buscava. Sentia-me sozinha e me questionava se era verdadeiramente merecedora de uma cura, dessa verdade divina, depois de tanta mentira, de tanto sofrimento vivido e imposto aos outros pelas coisas que fiz e vivi.

Sentia que, de alguma forma, todas essas novas pessoas só me ajudavam, pois não sabiam de fato quem eu era e o que eu tinha feito no passado. Era como se eu carregasse um segredo, uma culpa mortal, um peso no coração e nas costas, que fazia com que eu andasse com a cabeça baixa, olhando para o chão, sem poder olhar ninguém nos olhos profundamente, pois não sabia que cara eu tinha.

Eu moro muito perto do Espaço Saúde e várias vezes, durante esses surtos, descia correndo para o escritório da Gabriela, a abraçava, chorava e não dizia nada.

Um dia, então, ela falou para o Ernani:

— "Vamos fazer um Alinhamento Energético na Bárbara, SOS, amanhã. Acho que isso pode ajudar".

No dia seguinte, eu estava ali sentada no consultório, prestes a viver uma das grandes viradas da minha história.

Eu não lembro muito bem dessa primeira sessão como me lembro do meu passo a passo com o trabalho depois, no

148

curso de formação, e mais para frente das outras sessões que se seguiram. O processo foi muito catártico e revelador e foi justamente o ganho de consciência o ponto libertador.

Depois desse alinhamento, tudo passou a acontecer na minha vida de uma forma mais consciente. Eu compreendia, participava e percebia os processos como nunca antes. Eu passei a "cocriar" a minha realidade. Deixei definitivamente de ser uma espectadora da minha vida — que nunca mais foi um "acidente", uma sequência de fatos aparentemente desordenados, aos quais eu ia reagindo sem saber exatamente aonde iam me levar e para quê.

A experiência de observar meus segredos contados, partes de mim se expressando através do canal, foi definitiva. Todo aquele drama não me pertencia mais. Coisas que eu não estava dando mais conta de carregar finalmente agora eram vistas do lado de fora e acolhidas com amor e sabedoria, abrindo um espaço interno e possibilitando uma sensação de leveza antes esquecida.

Lembro-me da importância de ressignificar a relação com o meu pai — meu pai interno — e de começar a descobrir que ele existia dentro de mim. Meu pai morreu quando eu tinha 11 anos e, sempre na minha juventude, quando não me sentia aceita ou capaz, eu pensava no que ele diria sobre isso. Desejava muito ter tido a oportunidade de desenvolver uma única conversa com ele. Uma conversa em que meu pai se posicionasse diante de mim e me dissesse algo sobre a mulher que eu estava me tornando.

Nesse dia, nessa sessão, eu tive uma conversa com esse registro, com esse corpo quântico do meu pai em mim através do canalizador, que representava esse encontro, esse encontro comigo mesma, onde pude me aceitar como sou, aceitar as escolhas que fiz ao longo da vida e compreender que elas foram as melhores escolhas que pude fazer diante dos elementos que a vida me apresentou.

Esse olhar descolado fazia com que eu encarasse as situações a partir de uma outra perspectiva (no caso a do "meu pai") e permitia enxergar uma resposta do mundo e me sentir parte dele. Esse olhar de cima (a "visão de águia", como a gente diz no Xamanismo) coloca tudo em uma perspectiva histórica, holística e permite mudanças, pois percebe-se que houve um caminho, um movimento que permitiu que eu chegasse até ali e que permitiria que eu chegasse em qualquer outro lugar do meu merecimento.

Ao adquirir a aceitação da minha própria história e da minha própria vida, consegui me apropriar do meu processo. E esse processo foi, com toda a certeza, o grande salto e a grande contribuição da técnica do Fogo Sagrado para a minha vida.

Eu me tornei a minha própria curadora; tornei-me senhora de mim. Entendi que ninguém ia vir me resgatar, que ninguém resgata ninguém e que o resgate já estava feito.

Depois daquele dia, comecei a fazer o curso de formação de terapeuta em Alinhamento Energético e, durante esse período, fui desenvolvendo um aprendizado interior, entendendo mais o trabalho e a visão de mundo holográfica que ele propõe — a teia da vida, as conexões, o espelho. Aprendi a canalizar e encaminhar meus próprios corpos energéticos; a não me identificar com as emoções que fluem através de mim; a olhar para as situações que se apresentam diante de mim e perguntar qual é o aprendizado que elas encerram — o que isso pode me mostrar sobre o mundo e sobre mim mesma. Entendi também que tudo está junto, que somos todos parte de uma única coisa e, como ouvi naquele dia, naquela primeira sessão, que eu não estou sozinha, nunca estive e ninguém está.

Eu me encontrei, olhei de cima, de fora, de um lado e de outro e consegui me enxergar através de todas as minhas experiências e sentimentos, com todos eles — mas à parte deles. Consegui enxergar a minha essência, me olhar no espelho sem a casca, tirar tudo e realizar o que fica. Consegui olhar fundo para dentro de mim, nos meus olhos e enxerguei a vida, o mundo.

Eu nunca mais encarei a vida de cabeça baixa.

E quando olhares fundo dentro dos meus olhos, só verás gratidão!"

(Maria Bárbara Castello Branco, São Paulo/Rio de Janeiro)

"Tenho 43 anos de idade e, desde os 17 anos, busco técnicas que me ajudem a me conhecer, me purificar e a me tornar uma pessoa melhor.

Ao longo desse caminho, conheci várias técnicas e diversos trabalhos energéticos muito interessantes e que, em cada fase da minha vida, me deram força e suporte. No entanto, encantei-me verdadeiramente com o Reiki, que, de forma sutil e ao mesmo tempo intensa, mudou a minha perspectiva sobre mim mesmo, sobre o mundo e me conduziu a um nível de expansão de consciência e energia que eu nunca tinha acessado antes.

Isso trouxe grandes transformações à minha vida a ponto de eu abandonar meu trabalho convencional e me dedicar inteiramente ao Reiki. Desde 1997, trabalho profissionalmente com a técnica, que se tornou a minha grande paixão.

Tive que relatar isso para vocês entenderem que eu não sou daquelas pessoas que acumulam certificados na parede com tudo que é técnica nova que aparece. Para entrar em minha vida, a técnica tem que ser muito eficaz e realmente produzir resultados.

No ano de 2005, fui apresentado ao Alinhamento Energético e pela segunda vez em minha vida me senti tocado por algo muito especial. Por algo profundamente transformador que com certeza me ajudaria muito — primeiro em minha vida pessoal e, consequentemente, no meu trabalho.

O que mais me fascina no Alinhamento Energético é a simplicidade como tudo acontece e, ao mesmo tempo, a profundidade e o poder de transformação que essa técnica encerra.

Obviamente tive o privilégio de aprender essa técnica com pessoas maravilhosas, generosas e muito competentes.

Agradeço do fundo do meu coração por fazer parte da Egrégora do Alinhamento Energético, que tem trazido à tona e transmutado tantas sombras; que tem me ajudado a entender, aceitar e liberar tantos processos; e principalmente por ter me aberto tantas portas.

(Carlos Humberto Soares Jr., Rio de Janeiro)

"Minha vida se define em três momentos marcantes, inesquecíveis e iluminados. O reencontro com o Alinhamento Energético, com o Ernani e com a Gabriela foi um deles — uma experiência transformadora e profunda (ou "contundente", como costuma falar nosso querido Ernani).

Fui pego por uma guinada de 180 graus e por uma chacoalhada poderosa. E pronto! Eis um novo Ser! Depois de algumas catarses maravilhosas, é claro! Como uma borboleta que sai do casulo depois de uma longa briga interna para voar e vislumbra o seu voo continuar cada vez mais alto e sem pausas para questionamentos! Um voo para a Luz Eterna! Não consigo me ver mais sem a companhia dos Guardiões do Ministério de Cristo. É impossível! Eu faço parte deles e eles fazem parte de mim e isso apenas era algo que eu havia esquecido. Sou então muito grato ao Ernani e a Gabriela por me relembrarem dessa conexão!!! Sou eternamente grato!!! Sem mais palavras e com muitas lágrimas de alegria, alegria, alegria!!!"

(Felipe Olivella — Ananda Deha —, Rio de Janeiro)

"O processo de repetição por ancestralidade ou por padrão é comum. Comigo não foi diferente. Repetidamente, segui o "Sistema", que nos põe em contato direto com a densidade dessa Terceira Dimensão. Assim, todos ficam tranquilos — pais, parentes, amigos, desconhecidos, enfim, todos os nossos relacionamentos se sentem seguros quando fazemos parte desse processo repetitivo. Eu percebia isso claramente no semblante das pessoas.

O único "problema" era a minha total lucidez em relação ao que estava acontecendo coletivamente. Desde criança, eu afrontava o "Sistema" tendo na ponta da língua um plano B. Mas isso era um absurdo! Como assim uma criança propõe a um professor da terceira séria primária que as avaliações passassem a ser aplicadas ao ar livre e oralmente. Absurdo total, digno de uma advertência por escrito, tendo que ser assinada pela mãe e entregue de volta à direção da escola (bem Terceira Dimensão). Consegui sobreviver assim por muitos anos, por quase trinta anos.

Depois disso, recebi um presente Divino — conhecer o Alinhamento Energético (Fogo Sagrado) — de Ernani Fornari e Gabriela Carvalho. Tudo mudou a partir de então. Dois dias antes da data marcada para o encontro com o Ministério de Cristo (eu não sabia do que se tratava até então), algo havia acontecido com a minha frequência. Eu passei a ter muitos sonhos que me mostravam caminhos interessantes.

Na época, eu não conseguia mais fazer ressonância com acontecimentos no mundo; expressava minha gratidão a qualquer ser vivo e apresentava um sentimento de bondade e verdade que nunca tive. Definitivamente, eu estava envolvido pelas vibrações dessa Egrégora incrível. Sentia-me purificado, novinho em folha. Era como se eu tivesse acabado de nascer.

No dia, eu estava nas nuvens, mas não fazia ideia do que iria acontecer. Durante o processo, eu me senti desdobrado (hoje entendo o que é isso) — era como se meu espírito estivesse sendo tratado. Nunca havia vivenciado uma experiência tão sensorial e grandiosa como essa.

Logo nos primeiros minutos da sessão, eu fui curado de algo esquisito que sempre me acompanhou ao longo da vida. Eu me vi ali, falando pela boca da Grabriela e sentindo pelo seu corpo. Sentia um frio fora do comum quando viajava para lugares onde a temperatura era menor do que dez graus. Era uma coisa absurda. Sempre acontecia de eu ir para o hospital com algum tipo de choque ou de ver a minha garganta inflamar gravemente todos os anos, uma ou duas vezes.

Muitas coisas aconteceram naquele dia e eu fui transformado. Consequência disto foi a minha mudança de profissão. Sempre trabalhei na área de gestão e, a partir dessa vivência, passei a trabalhar com Medicina Vibracional. A nova profissão deu tão certo que emissoras de rádio e TV me procuraram para falar um pouco sobre meu trabalho. Nunca imaginaria um crescimento tão rápido em pouco tempo, afinal, pela ordem natural do "Sistema", eu só poderia ser agraciado com essa situação apenas depois de anos de trabalho na área.

Mas entendi que o tempo é muito relativo para cada pessoa e eu estava ali entrando de cabeça e coração abertos, já pondo em prática coisas que aprendi há muitos anos — quem sabe há décadas ou séculos. Minha intuição nunca havia sido tão certeira. Pessoas se curavam por meio de minhas mãos. Eu recebia agradecimentos de todos que eu tratava. Quanto mais isso acontecia, mais eu entoava meu mantra, que é o nome de um Guardião do Ministério de Cristo. E quanto mais eu chamava por ele, coisas magníficas aconteciam. Minha família também foi tratada a partir de mim e isso foi divino.

Um ponto interessante sobre esse processo é que as nossas redes de relacionamentos se modificam e novas redes são criadas. Pessoas que não fazem ressonância com a nova frequência seguem seu caminho, e a atração de qualquer coisa só acontece na mesma frequência. Aprendi, então, a manter essa frequência e a cuidar do emocional em qualquer situação.

Ainda a partir dessa vivência, aprendi a lidar melhor com o dinheiro. Aprendi também que, por mais que amemos alguém, não podemos sentir pena, mas sim compaixão por esse indivíduo e que cada um tem seu próprio caminho a seguir — independente da ligação que temos ou estabelecemos com essa pessoa. Não podemos fazer ressonância com o que acontece na vida do outro, muito menos nos meter em assuntos que não nos dizem respeito. Aprendi a manter o equilíbrio em todos os campos de minha vida e a viver de verdade depois do contato com a Egrégora do Ministério de Cristo, por meio do Alinhamento Energético.

No entanto, o mais importante dos ensinamentos foi compreender que a qualquer momento eu posso tornar a ser quem eu era antes; a fazer as mesmas coisas; a repetir os padrões; a ceder ao "Sistema" e a fazer ressonância com a dor, o sofrimento, a tristeza, a ganância e com outros elementos. Posso agora, por meio do livre arbítrio, negar tudo de magnífico que me foi proporcionado e seguir da forma que eu bem entender. Isto sim é o mais grandioso dos ensinamentos. O Fogo Sagrado nos põe em contato direto com o Divino, com a mais pura e potente das vibrações e nos deixa escolher um caminho a seguir. No meu caso e a todo momento ouço a pergunta: — "Você vai ou fica?" E eu sempre respondo (com eco!) o que me foi ensinado por meio da canalização dos mestres Ernani e Gabi: — AVANTE VAZ!"

(Fabio Heimbeck, Rio de Janeiro)

"Os vários caminhos percorridos e as diversas técnicas utilizadas me proporcionaram o conhecimento dos meus velhos padrões e medos e de minhas limitações e dificuldades. Entretanto, foi com o Alinhamento Energético que profundas transformações se deram em mim e me conduziram a um ciclo de mudanças surpreendentes. Difícil explicar em palavras essa experiência, pois as transmutações que podem ser vivenciadas por meio do Alinhamento Energético vão além do que é possível expressar.

Ao mesmo tempo que é "punk" nos depararmos com a nossa sombra tão negada, esse processo é uma evolução leve, que traz alegria e um sentimento de proteção e sustentação a partir de outras esferas. E isso nos proporciona a confiança necessária para prosseguirmos em nosso caminho e uma enorme vontade de compartilhar o Alinhamento com outras pessoas."

(Vânia Caldeira, Belo Horizonte)

"Participei, em 2010, de um encontro de Alinhamento Energético em Nova Friburgo, mas não tive a oportunidade de vivenciar essa terapia — quem a vivenciou foi Luzia, uma amiga (na época com 45 anos), que estava à procura de sua cura. Eu era a sua acompanhante nesse dia.

Luzia tinha câncer no intestino, havia feito uma operação de retirada de parte do órgão e estava em pleno tratamento com quimioterapia. Quando ela chegou ao encontro, prontamente, um grupo reuniu-se ao redor do seu corpo e aí começaram as revelações.

Um a um, aspectos do seu íntimo eram evidenciados, e reparei que seu semblante atestava a veracidade daquilo que era dito. O trabalho prosseguia até o ponto em que a doença apareceu com localização precisa, e Luzia irrompeu em um choro sofrido e suplicante. Ali, presentes, somente nós quatro (Gabi, Ernani, Luzia e eu) sabíamos de sua doença.

Naquela noite, ela se sentiu muito melhor do que na noite anterior e ganhou confiança. O tempo passou, Luzia apresentou uma melhora considerável e chegamos a acreditar em uma possibilidade de cura — além de conversarmos bastante sobre todas as experiências vivenciadas no encontro. Entretanto, no último trimestre daquele ano, a doença voltou com força total. Em um esforço para melhorar sua qualidade de vida, começamos um tratamento terapêutico baseado em todas as revelações extraídas da vivência — foi um tratamento de meses.

A cura física não aconteceu, mas Luzia conseguiu trabalhar cada questão com o coração aberto: perdoou, amou, compreendeu, lamentou, mas não se desesperou e reconheceu as limitações que essa vida já lhe impunha.

O que ficou da vivência? Bem, digo que foi a cura da alma, pois minha amiga nos deixou consciente de seus avanços e tropeços (sim, ela teve tempo de mexer no sótão e no porão!).

Um abraço!"

(Rosana Vieira, Rio de Janeiro)

"Foi muito bom conhecê-los e mais ainda ter feito o atendimento individual. Quero sim contribuir com o novo livro dando meu depoimento — embora pareça cedo para falar sobre a experiência. Apesar de ter feito apenas uma sessão de Alinhamento Energético — há apenas três dias —, o efeito para mim foi logo sentido e vivenciado. A CHAVE É O MANTRA. Quando eu o entoo, uma grande diferença se faz dentro de mim.

O mantra faz com que eu me una a mim mesma, e, durante esse processo, meus pensamentos — emaranhados pelos acontecimentos diversos — voltam para um só ponto do EU SOU. Tudo se acalma dentro de mim; sou invadida por uma paz e uma segurança que não sei de onde vem (ou melhor, eu sei de onde vem); e o medo, por fim, se transforma em confiança. Então, eu volto para o dito aqui e agora.

Assim, a cada momento que percebo minha mente voar, canto O MEU MANTRA — e confesso que tenho que cantá-lo a todo momento —, porque essa vivência me faz muito bem."

(Antônia S. L. Costa, Rio de Janeiro)

"Vocês dois estão desenvolvendo um lindo trabalho de cura e transformação através do amor, da leveza e da alegria. Gratidão ao Sagrado por nos reconectar e gratidão a vocês por serem lindos instrumentos dEle.

Beijo grande no coração!"

(Andréa Fagundes, Rio de Janeiro)

"Conheci o trabalho do Ernani Fornari e da Gabriela Carvalho com a terapia de Alinhamento Energético através de um amigo que estava participando de um de seus cursos, e, após algumas explicações, me interessei de imediato em conhecer o Fogo Sagrado.

Já experienciei tanto trabalhos de terapia holística quanto espiritualista e, logo na primeira consulta, fiquei impressionada com o nível que essa terapia pode atingir, englobando técnicas curadoras xamânicas, canalizações de corpos emocionais (de padrões que acumulamos ao longo de nossa existência) e processos de cura neural através da perspectiva da Física Quântica.

A energia do trabalho é muito intensa; é como uma limpeza arquetípica dos padrões emocionais que 'sujam' o nosso campo áurico.

Um dos pontos interessantes sobre esse processo é que, ao mesmo tempo em que ocorre o reconhecimento do padrão emocional distorcido por parte do cliente — no qual ele se depara com o terapeuta canalizando um aspecto emocional seu —, há um trabalho de conscientização e resgate do aspecto dual positivo daquele padrão.

Ainda sobre esse trabalho, a Senha ou Mantra — que você recebe no final do trabalho e fica sob sua responsabilidade — passa a ser a chave para manter a polaridade positiva da energia emocional resgatada e assim, consequentemente, manter o campo neural alinhado com o novo padrão.

Em todas as consultas pelas quais passei, é nítida a grande energia que se estabelece em todo o processo. Sempre saio muito bem, como se realmente tivesse tomado um banho de energia sagrada. Para mim, particularmente, o mais interessante é que o trabalho tem um cunho muito espiritualista, mas sem as ritualísticas que sempre percebi em outras técnicas (não desmerecendo nenhuma delas). E muito me interessou a possibilidade de realizar um trabalho de limpeza energética e de conscientização dos processos emocionais/mentais, de forma tão prática e objetiva em um ambiente de consultório.

Para mim as transformações foram imediatas, como no caso de uma das primeiras consultas em que percebi padrões emocionais que nem mesmo eu imaginava que existiam — padrões estes que, durante as canalizações, foram rapidamente reconhecidos diante do 'espelho' realizado pelo terapeuta.

Muitos desses padrões permanecem no nosso subconsciente povoando o nosso campo neural e, só quando o colocamos para fora e o encaramos, percebemos então que algo necessita ser curado, transformado, transmutado ou, finalmente, que o salto quântico precisa ser dado — como o fim de um processo cíclico.

É como estarmos com a mente povoada de dúvidas e 'lixo' mental e, para tomarmos uma decisão, tenhamos que escrever tudo em um papel — como em um brainstorming — a fim de externalizarmos esse conteúdo (tirarmos o "lixo" da mente), para, por fim, conseguirmos clarear as ideias e perceber melhor o processo para a tomada de decisão.

Ou mesmo quando estamos no meio de um turbilhão de problemas — ou tentando descobrir a solução de algo — e nos deparamos com a necessidade de respirar fundo e dar alguns passos para trás, a fim de enxergarmos o todo sob uma nova perspectiva e 'olhar' o que estamos focando.

Aliás, o trabalho com o Fogo Sagrado também me fez reavivar a consciência da verdade que há embutida no termo 'relatividade'. Isso porque eu voltei a reconhecer que tudo na vida é relativo. O problema é o ego que construímos na ânsia de nos protegermos, mas que acaba apenas por criar barreiras, contratos, dogmas e padrões tolos, que só tardam nosso processo evolutivo.

A simplicidade está na 'relatividade', ou seja, a dualidade de nossa vida, aqui e agora, nos mostra que o amor e o ódio, o afeto e a raiva, a coragem e o medo, a espiritualidade e a matéria, a consciência e o ego, são apenas lados de uma mesma moeda. E esses lados são tão importantes um para o outro na vida terrena e tão reais, que, só através da aceitação da existência de ambos dentro de nós mesmos, poderemos encontrar o real equilíbrio para conseguirmos vivenciar esses aspectos em harmonia. Pois somos o Tudo e o Nada, cocriadores e criaturas unas à Natureza. Somos Um só.

Por esses e por outros motivos (como as curas quânticas que vivenciei ao longo do tratamento), eu me identifiquei tanto com o trabalho do Fogo Sagrado e com a maravilhosa energia e dedicação do Ernani e da Gabi, que trabalham com muito carinho para levar ao mundo — com todos os alinhadores antes e depois deles — essa inovadora técnica de Alinhamento Energético. Tanto é que hoje faço parte de uma de suas turmas de formação de alinhadores energéticos, na qual continuo a vivenciar e a receber as potencialidades dessa energia transformadora.

Abraços fraternos. *Ahow!*"

(Cristiane Lacerda, Rio de Janeiro)

"A primeira vez em que tive contato com a energia do Ministério de Cristo foi na Alemanha — eu era jovem e não sabia o que me esperava como tradutora. Na primeira cura que traduzi, senti com toda a força a energia do Ministério de Cristo. Chorei, ri e me senti melhor, porque o Alinhamento Energético não só ajudou o cliente como também a mim. Desde então, trabalhei vários anos com Mônica, Carlos Henrique e com Ernani. Não foi somente um trabalho de tradução, mas um trabalho de amor, muita felicidade e grandes aprendizados."

(Natalie Lund, Alemanha)

"Por meio do Fogo Sagrado, percebi que havia a possibilidade de unir vários pensamentos e várias coisas, que vinham me interessando, em um uno. A técnica me trouxe a percepção de que as coisas estão de alguma maneira encaixadas e de que, de algum ponto de vista, tudo faz sentido.

Durante a sessão de Alinhamento Energético, pude entrar em contato comigo mesma. Sendo sentida e interpretada por outra pessoa, consegui obter uma nova interpretação sobre mim.

Nesse processo, a palavra liberdade me marcou. Descobri que tudo que vivi tinha um sentido: liberdade. Agora eu poderia sim relaxar e aproveitar a minha conquista.

Pouco mais de um mês após ter feito o Alinhamento, sonhei com uma situação sufocante — sensação que sempre me causou muita angústia —, até que me lembrei que sou livre. Sim, livre! E pude então reagir à situação.

Por fim, conectei meu coração à minha liberdade, ao EU SOU."

(Débora Jácomo, Brasília)

"Amada Pachamama, eu sei que nasci com uma história para ser curada... Meu nascimento e, principalmente, abençoar meu núcleo familiar tão distante e tão próximo de mim mesma! Os padrões recebidos de meu pai e de minha mãe como referências emocionais para meu crescimento e desenvolvimento e acima de tudo para ultrapassar os desafios e através do perdão poder reconhecer que foram pais maravilhosos e me ofereceram o melhor deles, sempre.

Porém, para que eu pudesse alcançar, nesse momento, essa certeza de alma limpa e coração brilhando em festa, tive que percorrer uma longa estrada de sofrimento. Muitas vezes, meus pés sangravam por causa das buscas, de tanto perguntar, de tanto indagar e de tanto questionar.

Então, vou fazer uma síntese desse caminho que percorri ao longo do curso de formação de terapeutas de Alinhamento Energético com Ernani Fornari e Gabriela Carvalho — que aconteceu no espaço Aprender a Conviver, em Copacabana (RJ), durante o ano de 2010.

Iniciei com Ernani e Gabriela um novo curso de Alinhamento Energético, e algo nessa formação me chamava bastante à atenção: a precisão das informações, o nível teórico dos textos, a fala clara dos professores e uma dinâmica não mística dos fenômenos de canalização — além do incentivo saudável, que apontava para o fato de que todos podem atingir um objetivo.

A segurança, o incentivo, o apoio e o respeito pela postura de todos cada vez mais encantava meu coração em relação ao Alinhamento Energético. No curso, ficava nítido que o conteúdo emocional tinha uma força extraordinária e se ele não ficasse exposto na dor do indivíduo, dificilmente o processo de cura estaria garantido.

É a permissão e a escuta interior de cada pessoa que vão acessar a informação lacrada, sufocada, reprimida, que está sempre encerrada na "infância como uma ferida sagrada". É a dor não revelada que nos faz conduzir a vida através de processos de rejeição, contratransferência, transferência, julgamentos, crítica, abandono, máscaras e tudo que a "sombra" pode nos emoldurar como vestimenta do bem viver!

Lembro bem que já estava trabalhando esse conteúdo interno quando me tornei terapeuta do Colégio Internacional (CIT), com registro na França. Fiz o Memorial da Infância, mas ainda estava soterrada na "fala", que existia e pulsava em meu coração.

No dia 17 de abril de 2010, os professores Ernani e Gabriela, em uma de nossas aulas, nos dirigiram a seguinte proposta: — "Agora vocês vão canalizar seus próprios corpos emocionais". Mesmo assustada, gostei da ideia. "Agora é comigo", pensei.

Chegou a hora do real confronto. De confrontar meus fantasmas, medos, minhas falas e, mais do que nunca, a realidade e a possibilidade maravilhosa de cocriar uma nova vida. Tudo dependia somente de mim! Eu tinha uma escolha: ou mergulhava ou mascarava. Então, depois de tanto caminhar e já avó de Vinicius, resolvi me deixar morrer e buscar o momento instaurado no passado há quase 61 anos!

Antes do curso, era a mesma história. Os mesmos personagens. Os mesmos pais. Os mesmos irmãos. Os primos.

Tudo era igual! A dança da vida faz seu bordado com todas as cores e com todos os riscados.

Relendo essas cartas-documentos de minha vida, vejo o quanto de trabalho pessoal tive que fazer para fazer a panela brilhar. Tive que gastar muito bombril!

Diante do meu mapa de revolução anual, minha astróloga me disse muito séria: — "É Marilene... Com esse novo retorno, Saturno está pedindo que você dê brilho às panelas. Sabe aquela expressão "arear panelas"? E que de tanto areadas elas brilham e mostram nosso rosto? É isso que Saturno quer. Ele quer que você contemple o próprio rosto na sua panela, que deve ser areada com afinco, determinação e sem raiva, sem mágoa, sem julgamento e sem crítica. É só limpar e limpar, para que o brilho possa vir com o esplendor da própria existência".

Então, no momento, eu estou mergulhada nessa lição passada a limpo com alegria, emoção, gratidão, açúcar e com afeto, preparando meu doce predileto. Na minha banca de baiana, já posso oferecer os processos terapêuticos iniciáticos do Alinhamento Energético para quem quiser se conhecer."

(Marilene Pitta, Rio de Janeiro)

"Queridos Ernani e Gabriela, a leitura do seu livro e o curso ministrado por vocês transformaram a minha existência, principalmente porque me ajudaram a modificar minha maneira de olhar a vida.

Algumas correntes se partiram e um sentimento de libertação invadiu meu coração. Quero muito me aperfeiçoar nesse trabalho para poder ajudar outras pessoas a vivenciarem essa alegria também."

(Laura Apoteker, Rio de Janeiro)

"Sob uma ótica iluminada — como a das águias que enxergam das alturas —, o Alinhamento Energético nos possibilita rever as histórias mal resolvidas em nossas vidas, dando um "final feliz" para cada uma delas. Na mesma medida, passamos a nos abrir aos "começos felizes" da vida, como seres cada vez mais libertos nesse infinito "Aqui e Agora", mais conscientes dos nossos potenciais e plenos e integrados ao nosso poder pessoal. A técnica figura então como uma ferramenta poderosa nesse momento de transição e cura planetária a que estamos assistindo.

Voemos em direção à iluminação, ao Sol Interior e ao Divino Ser que habita em nós!

Aho! Namastê!"

(Fernanda Vilela, Rio de Janeiro)

"A terapia do Fogo Sagrado entrou em minha vida em um momento de grande transformação e busca — busca principalmente por algo que complementasse minha alma terapêutica.

Em uma das palestras gratuitas, fui presenteada pelo "acaso" ao ser escolhida para ser parte do trabalho. Não deu outra. Simplesmente me apaixonei pela terapia e já saí de lá muito transformada em vários aspectos.

Minha alma pulou de alegria quando decidi fazer o curso de formação de terapeutas de Alinhamento Energético. Foi a melhor coisa que aconteceu em minha vida e na da minha família, pois ela se transformou e eu me transformei. Hoje sou uma mãe melhor, melhor esposa, melhor profissional e melhor terapeuta.

Agradeço todos os dias por ter encontrado esses dois mestres: Ernani e Gabi."

(Ana Paula Deverlan Martin, São Paulo)

"No Natal de 2010, ganhei o livro *Fogo Sagrado* de uma grande amiga (Dani Aguiar). Como a pilha de livros estava se avolumando, ele ficou esperando a sua vez.

Acontece que ouvi falar do curso e, como sou terapeuta holística, resolvi furar a fila e ler rapidamente o material para saber se valeria a pena acrescentar mais uma terapia ao meu atendimento.

Ao concluir o livro, resolvi fazer o curso para resolver algumas questões pessoais e não mais para trabalhar os outros; para descobrir e depois enfrentar meus próprios medos e minhas incoerências.

Concluí o curso sem perder uma aula sequer, mas certamente não direi que sou outra pessoa. Prefiro dizer que sou cada vez mais eu mesma.

Resolvi estabelecer uma parceria com minha amiga e colega de turma Laura Apoteker e, em nosso primeiro atendimento, a cliente desistiu de por fim à própria vida!

Agradeço ao Ministério de Cristo, ao Ernani e a Gabi, assim como a todos que, de forma direta ou indireta, contribuíram para esse resultado."

(Maria Lygia Uchôa, Rio de Janeiro)

"Conheci o Alinhamento Energético através de uma indicação e fiquei muito interessada.

As pessoas indicadas foram o Ernani e a Gabriela, que, sincronicamente, eu já conhecia. Imediatamente, ao perceber o sinal, decidi seguir minha intuição e fui assistir a uma palestra vivencial da técnica. Lá, meu coração foi tocado, pois sempre fui muito sensível e estava vivendo um momento difícil, triste e decisivo em minha vida pessoal.

Iniciei, então, o curso de formação de terapeutas de Alinhamento Energético. No decorrer do processo, fui vivenciando cada experiência com muita sinceridade e profundidade e me deparando com a possibilidade não só de transformar os padrões que me provocavam sofrimento, como também de transmutá-los.

Continuo ainda tendo problemas, mas agora tenho a capacidade de administrá-los com mais sabedoria. E, como terapeuta de Alinhamento Energético, tenho ainda a possibilidade de reconhecer no outro (o cliente) uma parte de mim — que também anseia por uma cura em alguma parte da alma que foi ferida."

(Silvana Massiotti, Rio de Janeiro)

"A aprendizagem do Alinhamento Energético mudou meu percurso como pessoa e como terapeuta. Além de expandir minha consciência e minha intuição, tornou-me também mais confiante em relação ao meu trabalho.

A técnica tem facilitado a abordagem junto aos clientes, que entendem mais facilmente as suas questões, tornam-se mais conscientes do que é preciso deixar para trás e adotam novas atitudes diante das questões a eles apresentadas. Tudo isto fez com que eu compreendesse melhor o meu "Labor Sagrado" e por tudo isto agradeço aos mestres

Ernani e Gabriela, que me apresentaram a esse conhecimento canalizado por Aloysio Delgado Nascimento.

AHOOOOO!!!"

(Márcia de Oliveira Tavares, Rio de Janeiro)

"Sou integrante da turma de formação de Alinhamento Energético e tive o privilégio de ter sido atendida em uma Roda de Cura para uma demonstração para a turma.

Estou aqui porque tive uma imensa vontade de compartilhar — como cliente e também como terapeuta — o que senti e o que vivenciei durante essa experiência, já que nem todos tiveram esse atendimento antes também.

Acredito que nem todos tenham percebido como essa vivência foi tensa e como a energia envolvida era bastante densa. É difícil traduzir em palavras o que senti e acho relevante ressaltar que não sou nem um pouco cética. Ao contrário, sempre fui bastante crédula, mas o que senti na ocasião foi inenarrável, indescritível e, posso afirmar, mágico.

Sabemos que tudo tem uma explicação, mas viver aquilo de forma real parece surreal. Fiquei em estado de torpor, sem pensar, sem me concentrar até a terça-feira. Era como se eu estivesse dormindo — assim como a Gabi falou no momento da canalização.

Não quis e não tive vontade de repassar nada em minha mente, já que sentia que havia me desprendido da situação. O melhor de tudo é que por encarar a existência pelo lado da consciência, sempre optei pelo lado fácil da vida. Portanto, as questões das dificuldades e dos sofrimentos, teoricamente, não faziam parte de mim, ou seja, não fui eu quem disponibilizou o conteúdo trabalhado — mesmo porque eu não tinha nenhuma consciência de que ele existia. Foi o astral que realizou todo o processo.

E mais, tudo o que a Gabi dizia naquele momento era exatamente minha fala, com todos meus trejeitos. Tive várias sensações na hora, encarei-me no espelho de verdade, mas não sabia conscientemente que aquilo era meu. E embora soubesse que o Ernani tinha passado o recado, eu, como terapeuta, achei tudo aquilo deveras extraordinário.

É que, no momento da canalização, mesmo a Gabi sentindo aquilo tudo, ela não me "terapizou", não fez nada para que eu entendesse o que acontecia. Ela simplesmente deixou tudo a cargo do Ministério de Cristo; todo o processo é do pessoal invisível. Não menos importante, a Senha que ela me passou foi o nome de um Guardião — nome este que me acompanhava há algum tempo e que eu nem imaginava o porquê.

Sempre soube que NINGUÉM é possuidor da verdade; cada um tem a sua e as leis do Universo são direcionadas a todos. Mas o fato de nós, como terapeutas e cada um em sua área, não interferirmos em nada — somente dirigirmos os clientes sem controlá-los — é bárbaro. Essa é a verdade. Parece simplista mas, na prática, é algo que faz uma diferença enorme.

Não gosto muito de trabalhar com PNL e, de início, via a Senha como algo relacionado à técnica. Hoje, no entanto, tenho muito prazer de repeti-la várias vezes durante o dia e sinto nitidamente a presença do Guardião. E vai me mantendo nesta transmutação e é importante também destacar que é com o tempo. Como pude observar, algumas pessoas já vivenciaram tudo isso, mas outras não. Como as dúvidas foram muitas na hora em que passei pela canalização e me senti privilegiada, estou aqui compartilhando minha experiência.

Abraços de luz, paz e consciência a cada um de vocês."

(Alessandra Ayres, Rio de Janeiro)

"Um conto xamânico

— "Você ainda tem dúvidas de que tudo está interligado? Consegue sentir a conexão?" A voz me perguntava vez por outra.

De repente, tudo passava a fazer sentido, e como uma águia — que de cima tudo vê — eu me via. A mata verde e fechada me chamava, e, quando eu olhava para ela, minha alma se enchia de luz. A beleza da contemplação, natureza na veia, amor maior, universal.

Sentados em círculo, no chão do templo e de frente para o altar as fotos dos mestres nos fitavam. Parecia que nos viam através da alma.

O homem abençoado que conduzia essa jornada distribuiu as cartas xamânicas. Eu nunca tinha ouvido falar nisso. Desenhada em minha carta, havia uma figura de um urso. Em seguida e olhando para a carta, cada um deveria falar um pouco do que estava sentindo e tentar encontrar alguma conexão com o que havia sido mostrado. Eu olhava para o urso e não tinha a menor ideia do seu significado, nem sabia com exatidão o que eu estava fazendo ali. Então chegou a minha vez de falar:

— Bem, eu não sei o que isso significa. Eu sequer conheço algo sobre a vida dos ursos. Só sei que são selvagens, mas nem sei se vivem só ou em grupo.

O terapeuta que conduzia os trabalhos olhou bem dentro dos meus olhos e então disse:

— O urso é o outono, a hibernação, a caverna, a intros- pecção para refletir, o olhar para dentro, a calma, a observação. Ele é o xamã na tribo dos índios; ele representa a mediunidade, o crescimento, o amadurecimento, a cura. Ele tem duas características: pode comer como um herbívoro ou atacar outro da sua própria espécie para se alimentar. Ele sabe que uma mesma erva pode abrigar uma diferença muito sutil: ela pode curar ou matar.

Fiquei com os meus pensamentos.

Lá fora, a fogueira crepitava a madeira no fogo alto dos índios lakota. A energia deles impregnava o ar e nos brindava o tempo todo. O tambor soava junto ao bonito canto xamânico da tribo.

Os trabalhos seguiam naquele lugar maravilhoso. Mais tarde, estávamos todos deitados em uma roda de cura dentro do templo, no meio do nada. Ao nosso redor, só o verde da mata nativa. Fora do templo, o ar puro das montanhas. De dia, o azul do céu; de noite, o sorriso da lua.

— Fechem os olhos para ver — o terapeuta nos guiava.

No Renascimento, a Egrégora iniciava os trabalhos. Inexplicavelmente, minha respiração se tornava cada vez mais forte e profunda, até chegar ao ponto de atingir à catarse. Meus braços e pernas se movimentavam involuntariamente, vibrando de uma forma frenética, liberando energias guardadas há muito tempo, oriundas de memórias, perdas e traumas do passado. A despeito do ceticismo e dos questionamentos que às vezes me acompanhavam, a conexão aconteceu. Apenas não sei explicar como.

Depois de algum tempo, minhas mãos vibravam involuntariamente, e uma luz branca e forte saía de dentro delas em direção ao céu. Não era um transe, nem incorporação. Eu estava acordada e lúcida. Era a Egrégora da casa fazendo seu trabalho de luz, limpando o que se fazia necessário limpar.

Foi uma experiência incrível, que levarei comigo para outras vidas e para aonde quer que eu vá — e para nunca mais esquecer ou duvidar do Sagrado, da força da vida que flui, da conexão com o Universo, da certeza inexorável de que todos somos um.

Passado o feriado e transcorrido o evento, voltamos para casa de carro com alguns amigos, que resolveram parar na beira da estrada — ainda na descida da serra — para comprar artesanato. Dentro da lojinha simples, a senhora que vendia as peças veio nos atender. Humildemente, ela se aproximou do nosso grupo e, estranhamente, abraçou um de nós dizendo:

— Eu sinto a energia da cura. Você está curada! Daqui para frente há um lindo caminho à sua espera. Você pode curar pessoas através de suas mãos. Vão na paz do Senhor.

Ainda meio chocados, seguimos nosso caminho até que nosso colega comentou:

— Bem, se havia ainda alguma dúvida entre nós sobre o ocorrido no templo, esta acabou de se dissipar!

Foi uma revelação incrível, mas na verdade o mais incrível se deu conosco. Estávamos energizados, curados, impregnados da luz do amor universal!

Graças a Deus. *Aho*!"

(Rosana Fionda, Rio de Janeiro)

REFERÊNCIAS BIBLIOGRÁFICAS

ARNTZ, W.; CHASSE, B.; VICENTE, M. *Quem somos nós?* Prestígio, 2007.

ARRIEN, Angeles. *O caminho quádruplo*. Ágora, 1997.

AZEVEDO, Murilo Nunes. *O pensamento do Extremo Oriente*. Pensamento, 1993.

BYRNE, Rhonda. *O Segredo*. Rio de Janeiro : Ediouro, 2006.

CAMPBELL, Joseph. *As máscaras de Deus*. Palas Athena, 1999. V. 1 (Mitologia Primitiva) e v. 2 (Mitologia Oriental).

_____; MOYERS, Bill. *O poder do mito*. São Paulo: Palas Athena, 1990.

CAPRA, Fritjof. *A teia da vida: uma nova compreensão científica dos sistemas vivos*. Cultrix, 1996.

_____. *As conexões ocultas: ciência para uma vida sustentável*. Cultrix, 2002.

_____. *O ponto de mutação*. Cultrix.

_____. *O Tao da Física*. Cultrix.

CARIDITI, Olga. *Círculo de xamãs*. Rocco, 2000.

CASTAÑEDA, Carlos. *Passes mágicos*. Nova Era.

_____. *A arte do sonhar.* Nova Era.

_____. *A erva do Diabo.* Record, 1970.

_____. *A Roda do Tempo.* Nova Era, 2000.

_____. *O fogo interior.* Record, 1984.

_____. *O lado ativo do infinito.* Nova Era.

_____. *O poder do silêncio.* Record, 1988.

_____. *O presente da águia.* Record, 1981.

_____. *O Segundo Círculo do Poder.* Record, 1977.

_____. *Porta para o infinito.* Record.

_____. *Uma estranha realidade.* Record, 1971.

_____, *Viagem a Ixtlan.* Record, 1972.

CHOPRA, Deepak. *A Cura Quântica.* Best Seller, 1998.

_____. *As Sete Leis Espirituais do Sucesso.* Best Seller, 1994.

_____. *Conexão saúde.* Best Seller, 1995.

_____. *Saúde perfeita.* Best Seller, 1990.

DAYANANDA, Swami. *O valor dos valores.* Vidya Mandir, 1998.

FRONSDAL, Gil. *O Dhammapada.* Pensamento.

DYCHTWALD, Ken. *Corpomente.* Summus, 1990.

ELIADE, Mircea. *O xamanismo e as técnicas arcaicas do êxtase.* Martins Fontes, 1990.

_____. *Yoga, imortalidade e liberdade.* Palas Athena, 1997.

EPSTEIN, Mark. *Pensamentos sem pensador.* Gryphus, 1996.

FEUERSTEIN, Georg. *A tradição do Yoga.* Pensamento, 2001.

FORNARI, Ernani. *Fogo Sagrado*. Editora Vida & Consciência, 2010.

GIBRAN, Khalil Gibran. *O Profeta*. Vozes, 1975.

GOLEMAN, Daniel. *Inteligência emocional: a teoria revolucionária que redefine o que é ser inteligente*. Objetiva, 1995.

GOSWAMI, Amit. *A Física da Alma: a explicação científica para a reencarnação, a imortalidade e experiências de quase-morte*. Aleph, 2001.

_____. *A janela visionária: um guia para a iluminação por um físico quântico*. Cultrix, 2000.

_____. *O médico quântico: orientações de um físico para a saúde e a cura*. Cultrix, 2004.

_____. *O universo autoconsciente: como a consciência cria o mundo material*. Aleph, 2007.

GRAMACHO, Derval; GRAMACHO, Vitória. *Magia xamânica*. Rocco.

GROF, Stanislav & BENETT. *A mente holotrópica: novos conhecimentos sobre psicologia e pesquisa da consciência*. Rocco.

_____. *A aventura da autodescoberta*. Summus.

_____. *Emergência espiritual: crise e transformação espiritual*. Cultrix.

_____. *Psicologia do futuro: lições das pesquisas modernas de consciência*. Heresis, 2000.

HAY, Louise L. *Você pode curar sua vida*. Best Seller, 1991.

HARNER, Michael. *O caminho do xamã*. Cultrix, 1995.

HELLINGER, Bert. *A simetria oculta do amor*. Cultrix.

_____. *Conflito e paz: uma resposta*. Pensamento.

_____. *Desatando os laços do destino*. Cultrix.

_____. *No centro sentimos leveza.* Cultrix.

_____. *Ordens do amor.* Cultrix.

_____. *Religião, psicoterapia e aconselhamento espiritual.* Cultrix.

INGERMAN, Sandra. *Cure pensamentos tóxicos.* Editora Vida & Consciência, 2009.

_____. *Jornada xamânica: um guia para iniciantes.* Editora Vida & Consciência, 2009.

_____. *Resgate da alma: reencontre os pedaços da alma que você perdeu.* Editora Vida & Consciência, 2008.

JASMUHEEN. *Viver de Luz: a fonte de alimento para o novo milênio.* Aquariana, 1998.

JOHNSON, Willard. *Do xamanismo à ciência: uma história da meditação.* Cultrix, 1982.

JUNG, C.G. *A sincronicidade.* Vozes.

_____. *O Eu e o inconsciente.* Vozes.

_____. *Os arquétipos e o inconsciente coletivo.* Vozes.

KARDEC, Allan. *O Livro dos Espíritos.* F.E.B.

_____. *O Livro dos Médiuns.* F.E.B.

KING, Serge Kahili. *Xamã urbano.* Editora Vida & Consciência, 2010.

KRISHNAMURTI, J. *A cultura e o problema humano.* Cultrix.

_____. *A educação e o significado da vida.* Cultrix.

_____. *A primeira e a última liberdade.* Cultrix.

_____. *Comentários sobre o viver.* Cultrix.

_____. *Diálogos sobre a vida.* Cultrix.

_____. *Liberte-se do passado.* Cultrix, 1969.

_____. *Reflexões sobre a vida*. Cultrix.

_____. *Uma nova maneira de agir*. Cultrix, 1964.

LIPTON, Bruce H. *A biologia da crença*. Butterfly, 2007.

LOWEN, Alexander. *A espiritualidade do corpo*. Cultrix, 1990.

MENDES, Eliezer C. *Contaminação vibratória*. Arte & Ciência, 1996.

_____. *Loucura, doença e transcendência*. Universalista, 1997.

_____. *Personalidade hiperconsciente*. Pensamento.

_____. *Personalidade subconsciente*. Pensamento.

_____. *Personalidades subliminares*. Universalista, 1997.

_____. *Psicotranse*. Pensamento, 1980.

MOTOYAMA, Hiroshi. *A teoria dos chakras: ponte para a consciência superior*. Pensamento, 1999.

MUKTANANDA, Swami. *El juego de la consciencia*. SYDA, 1981.

OSHO, Bhagwan Shree Rajneesh. *A arte de morrer*. Global/Ground.

_____. *A psicologia do esotérico*. Tao/Parma, 1980.

_____. *A semente de mostarda*. Tao.

_____. *Dimensões além do conhecido*. Soma, 1982.

_____. *Eu sou a porta*. Pensamento.

_____. *Meditação: a arte do êxtase*. Cultrix.

_____. *Meu caminho: o caminho das nuvens brancas*. Tao.

_____. *Nem água nem lua*. Cultrix.

_____. *Palavras de fogo*. Global/Ground.

_____. *Tantra: a suprema compreensão*. Cultrix, 1975.

PATAÑJALI. Yoga Sutra.

PIERRAKOS, Eva. *O caminho da autotransformação*. Cultrix, 1990.

_____; SALLY, Judith. *Criando união: o significado espiritual dos relacionamentos*. Cultrix.

_____; THESENGA, Donovan. *Entrega ao Deus Interior*. Cultrix, 1997.

_____; THESENGA, Donovan. *Não temas o Mal: o método Pathwork para a transformação do Eu Inferior*. Cultrix, 1993.

REICH, Wilhelm. *A função do orgasmo*. Brasiliense, 1973.

_____. *A revolução sexual*. Brasiliense, 1973.

ROSAS, Paulo Murilo. *A psicologia do Tantra*, 1995.

_____. *Os segredos do Tantra e do Yoga*, 1985.

SAMS, Jamie. *As cartas do Caminho Sagrado: a descoberta do ser através dos ensinamentos dos índios norte-americanos*. Rocco, 1998.

_____. *As cartas xamânicas*. Rocco, 2000.

_____. *Dançando o sonho: os sete caminhos sagrados da transformação humana*. Rocco, 2003.

SHELDRAKE, Rupert. *A Física dos Anjos*. Aleph.

_____. *A Ressonância Mórfica e a presença do passado: os hábitos da natureza*. Cultrix, 1990.

_____. *A sensação de estar sendo observado*. Cultrix.

_____. *O renascimento da natureza*. Cultrix, 1993.

_____. *Sete experimentos que podem mudar o mundo*. Cultrix.

SILVA, Georges da; HOMENKO, Rita. *Budismo: psicologia do autoconhecimento*. Pensamento.

TALBOT, Michael. *O universo holográfico: uma perturbadora concepção da realidade como um holograma gigante gerado pela mente*. Record, 1985.

TOLLE, Eckhart. *O despertar de uma nova consciência*. Sextante, 2007.

_____. *O poder do agora*. Sextante, 2002.

TSÉ, Lao. *Tao Te King*.

VITALE, Joe; LEN, dr. I. H. *Limite Zero*. Rocco, 2009.

VYASA. *Bhagavad Gita*.

WILBER, Ken. *A união da alma e dos sentidos*. Cultrix.

_____. *Espiritualidade integral: uma nova função para a religião neste início de milênio*. Aleph.

_____. *O paradigma holográfico e outros paradoxos*. Cultrix.

_____. *O espectro da consciência*. Cultrix.

_____. *Psicologia integral: consciência, espírito, psicologia, terapia*. Cultrix.

_____. *Transformações da consciência*. Cultrix.

_____. *Uma breve história do Universo*. Nova Era, 2001.

_____. *Uma Teoria de Tudo*. Cultrix.

YOGANANDA, Paramahansa. *Autobiografia de um iogue*. Summus, 1981.

ZIMMER, Heinrich. *Filosofias da Índia*. Palas Athena, 1991.

AGRADECIMENTOS DO ERNANI

A meu mestre Swami Tilak, um ser que realizou a Unidade.

Aos meus pais, Cláudio e Antoinette, pela solidariedade, cumplicidade e apoio afetivo, intelectual e material.

Aos meus professores/mestres, Paulo Murilo Rosas e Joseph Le Page, com quem aprendi o Yoga.

A Luis Otávio Reis, Ralph Viana, Donati Caleri, Claudia Godart e Alejandro Dupont, com quem aprendi a arte da Massoterapia.

Ao meu mestre de Reiki, Carlos Humberto Soares Jr.

Aos meus terapeutas e treinadores Ashara (Respiração Holotrópica) e Vasant (Renascimento).

Às minhas mestras de Cinesiologia, Angela Girão e Adriana Mangabeira.

Ao terapeuta Alex Fausti (*in memorian*), que, em minha opinião, trouxe para o trabalho do Alinhamento Energético um forte embasamento teórico/psicológico e um raciocínio terapêutico (como a autorreferência, entre outras coisas), que são hoje a espinha dorsal do meu trabalho.

A Bull & Bill (Aldeia do Sol), César Cruz, Carlos Sauer, Tony Paixão, Artemus Luz & Fernanda Vilela, Rosário Amaral, Athamis Bárbara, Rogério Favilla, João Devulski, Rafael Nixiwaka & Fernanda Mukhani, e a todos os companheiros do universo xamânico carioca, pelo calor transformador das *Sweat Lodges* e das fogueiras sagradas.

Aos krenak, kariri-xokó, pataxó, tupy-guarany, fulni-ô e huni kuin, que foram as etnias nativas brasileiras com quem tive a honra de interagir. Aos cheyenne (*Hahoo, Nelson Turtle!*), mohawk (*Aho, Crow Bear!*) e lakota (*Aho, Vernon Foster!*). *Aho, Mitakoy'assin! Migwetch! Nem! Ererré! Haus!*

Às sanghas de Swami Tilak, Brahmachari Nitya Chaitanya e Swami Prakashmayananda (especialmente Jnana Mandiram de Brasília, Janaka, Mahadeva, Mães Karuna e Shanta, Surendra & Janaki, Vandinha, Antônio, Henrique & Fioretta, Shankara & Girija, Serra & Isha Priya, Ishwari, Ekanath, Mira, Narendra & Chandramani, Murali & Padma e Dudu & Silvia).

Aos amigos e colegas do Integrative Yogatherapy (Joseph & Lilian Le Page da Montanha Encantada em Garopaba, SC), da ABPY (RJ), da ABRA (doutor Aderson Moreira da Rocha, RJ) e do SINPYERJ. *Namaste*!

Ao Vidya Mandir (Glória Arieira); Iskcon (Movimento Hare Krishna); Ananda Marga; Siddha Yoga; Brahma Kumaris; Movimento Sai Baba; Self Realization Fellowship; à Ordem Ramakrishna e ao Mosteiro Budista de Santa Teresa (RJ) — lugares por onde andei, interagi e aprendi muito. *Hari OM! Haribol! Namaskar! OM Shanti!*

À Fraternidade Aurora Espiritual (Helder Carvalho & Fadynha, RJ); ao Sítio Amor Divino (Sérgio de Carvalho, Vargem Grande, RJ); ao Atmacharya Ashram (Narendra & Chandra Mani, Visconde de Mauá, MG); e à Fazenda Mãe D'água (Georg Kritikós Sarvananda, BH/MG), onde vivi experiências de comunidades espirituais rurais nos anos 80.

Aos meus colegas, alunos, clientes e funcionários do Espaço Saúde (Ralph Viana); da ASBAMTHO (Donati Caleri); do CITARA (Roberto Nogueira); do Instituto Collunas (Cláudio Senra); do Espaço Aprender a Conviver (Marilu Montenegro & Marilene Pitta) e da Casa Tebecato (Teresa), no RJ. E ao

Espaço Luzeiro (Renato e Valéria); ao Espaço Transformação (Cyro Leão); à Casa Jaya e ao Espaço Rennovar (Paulo César Oliveira) de São Paulo. Todos os lugares onde trabalhei e realizei diversas trocas. Gratidão!

Aos amigos, colegas, clientes e alunos do Alinhamento Energético do Brasil, especialmente a Aloysio Delgado Nascimento (xamã *Dior Allem*) — seu canalizador e sistematizador —, a Mônica Oliveira (Fogo Sagrado) — sua continuadora e reformadora —, a Letícia Tuí, Tatiana Auler, Alex Fausti, Desirée Costa, Carlos Humberto Soares Jr., Ana Lúcia Augusto, Priscilla Pinto, Ângela Fuzaro (que canalizou e pintou as Cartas dos Guardiões do Ministério de Cristo) e a Carlos Henrique Alves Correa (Ouro Verde, SP). Alegria!

A todos os amigos, colegas, clientes, alunos, produtores e tradutores do Fogo Sagrado da Alemanha e da Áustria, especialmente Eckart Böhmer, Peter & Dagmar Nemetz, Matthias Bohn & Cláudia Gold, Peter Hermann, Ana Maria Schaz, Bianca Monte, Marcelo Pivotto, à família Lund (Corrine, Natalie e Niklas), a Samuel Bartussek, Dagmar Neugebauer, Tahira & Günther Baumgärtner, Thomas & Connie Hohenstatt e Cláudia Kern (que escreveu o primeiro livro sobre Fogo Sagrado lançado no mundo).

À "tribo" do Metaforum, especialmente a Bernd Isert, Sabine Klenke, Cornélia Benesch e Cecilio Regojo (meus mestres de Constelações Sistêmicas).

A Bert Hellinger, Matthias Varga, Gunthard Weber e Stephan Hauser, pelo o que eu pude aprender sobre Constelações Familiares e Sistêmicas por meio de seus preciosos escritos.

A Alex Fausti, Ricardo (Rick) Mendes e Marli Cordeiro por tudo o que pude aprender assistindo-os a constelar.

A todos os sábios, santos e mestres de todas as religiões, escolas e filosofias de todos os povos e tempos, especialmente a Krishna, Buddha, Jesus Cristo, Vyasa, Patanjali, Shankaracharya, Bhagavan Sri Ramana Maharshi, Bhagavan

Ramakrishna Paramahamsa, Paramahansa Yogananda, Krishnamurti, Osho, Mahatma Gandhi, São Francisco de Assis, Santa Teresa D'Ávila e Eckhart Tolle.

A Allan Kardec, Helena Blavatsky, Sigmund Freud, C. G. Jung e Wilhelm Reich, por terem sido, em minha opinião, verdadeiros gigantes que abriram importantes portais no mundo ocidental moderno (além de terem contribuído muito, cada um ao seu jeito, para a minha formação pessoal e profissional).

A Leonard Orr e Stanislav Grof, por terem desenvolvido importantes trabalhos sobre a terapia da respiração — Rebirthing e Respiração Holotrópica, respectivamente —, que, juntamente com a ciência *yogi* do Pranayama, embasam meu trabalho com a Terapia da Respiração.

Aos pais da Física Quântica, Niels Bohr, W. Heisenberg, Planck, Schroedinger e tantos outros, a Einstein e aos modernos Fritjof Capra, Ken Wilber, Deepak Chopra, Rupert Sheldrake, Bruce Lipton, Amit Goswami, dentre muitos outros, que têm possibilitado que o paradigma holístico/sistêmico — que está se (re)implantando no planeta — pudesse ter algum respaldo científico.

A Bia Martins, Kátia Fonseca, Manfredo Jr., Paulo Amorim e Fernanda Vilela Luz, que têm produzido, com eficiência e bom gosto, todo o nosso material de trabalho (websites, folders, flyers, cartazes, material para imprensa e para internet etc.).

Às nossas ex-produtoras em São Paulo, Verônica Alves e Renata Parisotto, e à nossa atual produtora, Luciana Magalhães. A Nilson Flores, que nos produziu em Lisboa.

Às editoras Alhambra (Joaquim Campelo Marques, RJ); Sol Nascente (Cláudio Carone, SP); Aquariana/Ground (José Venâncio, SP); e à Editora Vida & Consciência (família Gasparetto e Marcelo Cezar, SP), que, fraternal e competentemente, editaram e publicaram todos os meus livros nos últimos trinta anos.

A Betty (*Tulasi Gita*), Paula (*Prema*), Márcia (*Purnima*) e Mônica (*Ma Amrit Sangit*) e às suas famílias, que compartilharam, amorosa e solidariamente, comigo muitas etapas importantes do meu caminho.

Aos meus filhos Pedro (e sua Mylena), Ravi (e sua Nilmara) e Hari (e sua Eliza), à minha neta Dandara, à minha mãe "postiça" Luciana, à minha irmã "postiça" Antonella e ao meu irmão Rogério e a toda a sua família. A Miatã, Tatiana e Bianca.

À minha amada esposa, companheira e parceira, Gabriela Carvalho (*Tamani*), e à sua querida família.

Ernani Fornari, 2013

AGRADECIMENTOS DA GABRIELA

Gratidão aos meus pais, Paulo Roberto e Dercília; ao irmão mais maravilhoso do mundo, Roberto; à minha cunhada-irmã, Roberta, que é um presente de Deus em minha vida por seu amor e confiança incondicionais.

Gratidão eterna às minhas afilhadas, Beatriz e Júlia, minhas gêmeas, minha vida! Vocês são o meu Sopro Divino! Deus manifestado na Terra!

À minha amada Tia Adir e aos meus primos Junior, Geysa e Mariana, que são meus irmãos também. FAMÍLIA LINDA A MINHA!

À minha família postiça Sabino de Moura: José Carlos, Maria e Gabi! Amo!

Ao meu amado marido Ernani, com quem posso vivenciar um amor lindo e completo. Como costumo lhe dizer: — "Amor, você acaricia a minha alma!" Com você eu tenho TUDO E MUITO das melhores coisas do mundo. TE AMO!

Ao meu mestre e parceiro Ernani Fornari, pela sua enorme generosidade em me ensinar tudo o que sei sobre os assuntos mais malucos e quânticos. Viver com você é um privilégio.

Aos meus filhos do coração, Pedro, Ravi e Hari, amo vocês como se fossem meus filhos — e são. À minha nora do coração, Eliza Costa. Aos meus sogros Cláudio e Luciana, amo vocês. Obrigada por me receberem nessa família com o coração e braços tão abertos.

Ao Aloysio Delgado Nascimento, por ter canalizado este maravilhoso trabalho que hoje me alimenta em todos os sentidos.

À Toca de Assis, onde aprendi e vivenciei o que é a verdadeira adoração ao Santíssimo Sacramento; à Comunidade Canção Nova e a todos os padres e leigos consagrados, que passaram pela minha vida e semearam em meu coração o amor pelo serviço a Deus; ao Movimento Carismático, a Ironi Spuldaro, ao padre Léo (que agora está lá de cima nos guiando), monsenhor Jonas Habib, padre Robert DeGrands, padre Gerson, padre Dudu, monsenhor José Geraldo, padre Miquelzinho, à irmã Inês e aos meus irmãos da Comunidade Servir: Beto, Ruth, Ana Cristina, Ilmar, Deborah, Dinho, Marquinhos e tantos mais. À tia Leda e tia Diva (que também já passou para o outro lado do rio, como dizem os índios ao falar da morte), que me guiaram nos primeiros grupos de oração.

A todos os psicólogos e psiquiatras que passaram pela minha vida.

Ao meu querido terapeuta Alex Fausti. Gratidão por tanto amor, humanidade e pela forma linda que conduzia as nossas sessões de terapia. Saudades, amigo!

À doutora Ingeborg Laaf e ao doutor Sérgio Augusto Teixeira, que hoje cuidam do meu corpo/mente — médicos anjos, que tratam seus pacientes com a alma.

A Silvia Rocha, ao pajé Fabiano, pajé Leopardo, pajé João Devulsky (meu irmão de alma e amigo), Rafael Nixiwaka, Fernandah Brenner, Raquel Salomão, Diana Schneider (minha flor de maracujá).

Aos meus irmãos Bull & Bill. Gratidão à Aldeia do Sol.

A todas as pessoas que me ensinaram tudo o que sei hoje em todas as formações que fiz: a todos os meus professores de formação no curso de Yoga Integral da ANYI; a Cecílio Regojo, Bernd Isert, Sabine Klenke e à minha querida Cornélia Benesch, com quem aprendi Constelações Sistêmicas no Metaforum; e às queridas Ângela Girão e Adriana Mangabeira, com quem aprendi Cinesiologia Aplicada.

Gabriela Carvalho, 2013

OUTROS LIVROS DE ERNANI FORNARI:

Pequeno manual de agricultura alternativa. Sol Nascente, 1982.

Novo manual de agricultura alternativa. Sol Nascente, 1985.

Céu da Boca: 108 receitas com vegetais. Alhambra, 1986.

Música devocional do Ocidente e do Oriente. Alhambra, 1987.

Dicionário Prático de Ecologia. 1. ed. Alhambra, 1992.

Dicionário Prático de Ecologia. 2. ed. Ground/Aquariana, 2001.

Manual Prático de Agroecologia. Ground/Aquariana, 2002.

Fogo Sagrado. Editora Vida & Consciência, 2010.

Sanatana Dharma: textos sobre Yoga, Yogaterapia, Vedanta, Tantra e Ayurveda, 2013. (disponível para download gratuito em nosso site)

LIVROS EM PREPARO:

. *Dicionário Prático de Ecologia* (3ª edição revisada e aumentada)

. *Dicionário Prático de Agroecologia*

. *Dicionário Prático de Apicultura*

. *Dicionário das Artes Divinatórias*

Contato com os autores:
www.alinhamento-energetico.com

Acompanhe Zibia Gasparetto na ACTV!
Uma TV na internet feita especialmente para você,
que busca bem-estar e renovação da alma.

Assista aos programas AO VIVO ou
no horário que preferir.
Acesse: www.almaeconscienciatv.com.br

Rua Agostinho Gomes, 2.312 – SP
55 11 3577-3200

grafica@vidaeconsciencia.com.br
www.vidaeconsciencia.com.br